Alors, c'est quoi l'islam ?

DANS LA MÊME COLLECTION

Et si on parlait du haschich..., propos recueillis par Marie-Christine D'WELLES, 1999.

Et si on parlait du spiritisme..., propos recueillis par Salsa BERTIN, 2000.

Et si on parlait des miracles..., Dr Patrick THEILLIER, 2001.

Alors, c'est quoi la drogue ? Marie-Christine D'WELLES, 2001.

Ghaleb BENCHEIKH

Alors, c'est quoi l'islam ?

PRESSES
DE LA
RENAISSANCE

Ouvrage réalisé
sous la direction éditoriale d'Alain Noël
avec la collaboration de Cécile Gaudin et
de Thierry Paillard

Si vous souhaitez être tenu(e)
au courant de nos publications,
envoyez vos nom et adresse, en citant ce livre,
aux Éditions des Presses de la Renaissance,
12, avenue d'Italie, 75013 Paris.
Et, pour le Canada,
à Vivendi Universal Publishing Services Canada Inc.,
1050, bd René-Lévesque Est,
Bureau 100,
H2L 2L6 Montréal, Québec.

Consultez notre site Internet
www.presses-renaissance.fr

ISBN 2.85616.845.0

Avant-propos

Le 11 septembre 2001, à la suite des attentats de New York et de Washington, l'humanité entière, choquée, s'est trouvée confrontée au problème d'un terrorisme à grande échelle. Nombreux sont ceux qui, dans leur désarroi, se sont alors interrogés sur l'islam. Est-ce dans la logique de cette religion de susciter de tels actes contraires au respect de la vie ? Dans la confusion qui a immédiatement suivi cette offensive terroriste, tout et le contraire de tout a été entendu sur l'islam. La méconnaissance de cette religion est flagrante.

Aux Presses de la Renaissance, nous avons voulu nous faire l'écho des questions le plus souvent posées en famille, au bureau, au café et dans les médias. Certaines pourront paraître simplistes. Toutes ont été entendues ici ou là. Pour y répondre, il nous fallait quelqu'un qui, musulman, puisse nous faire comprendre l'islam de l'intérieur, qui, Arabe, puisse nous faire saisir le vrai sens des mots arabes utilisés dans notre langue, qui, vivant en France, puisse nous parler de l'islam dans une République laïque, et qui, érudit, puisse nous sortir de l'ornière des lieux communs.

Ghaleb Bencheikh a bien voulu se prêter au jeu. Il nous livre ici quelques pistes qui permettront au lecteur d'orienter son regard vers une meilleure compréhension de l'islam.

Les éditeurs

Introduction

Les attentats lâches et barbares qui ont eu lieu le 11 septembre 2001 aux États-Unis heurtent la conscience humaine. L'ignominie d'un acte aussi abject suscite partout et toujours la réprobation unanime. En tant qu'homme avant tout, et peut-être davantage encore en tant qu'Arabe et musulman, je condamne avec la dernière énergie ce crime épouvantable. Toute dérive meurtrière de quelque doctrine nihiliste et destructrice que ce soit est à récuser avec force, *a fortiori* lorsque la Révélation de Dieu, pour nous musulmans, est avilie et pervertie. Aucune cause au monde, si noble soit-elle, ne peut justifier le massacre des innocents. Aucune révolte, si légitime soit-elle, n'autorise la vengeance aveugle. Et, bien sûr, on ne peut se prévaloir d'aucun idéal religieux pour déverser la haine et la violence. Nous sommes résolument du côté du droit et de la justice, jamais du côté de la terreur. Cette position (ma position (est tranchée, sans équivoque et ne souffre aucune réserve. Elle a toujours été ma ligne de conduite. Cela étant affirmé, et tout en m'inclinant avec émotion devant la mémoire des milliers de victimes innocentes, je dis, comme l'Ecclésiaste, qu'il y a un temps pour tout. Après le temps de la torpeur, de la consternation et de la colère, après celui de la prière et du recueillement, celui de l'analyse fine est arrivé. À froid et avec la probité et la rigueur intellectuelles requises, nous essayerons de comprendre. Et comprendre, ce n'est pas admettre.

Nous assistons à une peur collective rampante. Elle gagne toutes les franges des opinions publiques occidentales. Aussi une islamophobie ambiante se fait-elle sentir. La psychose est presque palpable. Il est vrai que cette peur de l'islam est explicable, sinon justifiée par le comportement déviant et inqualifiable d'illuminés exaltés, autoproclamés seuls procurateurs de Dieu, défenseurs exclusifs de ses droits, alors qu'ils ne cessent de tout bafouer. À cet égard, la responsabilité des hiérarques musulmans est engagée. Leur frilosité et leur pusillanimité frisent la lâcheté. Pire encore, leur mutisme équivaudrait approbation. À croire qu'ils sont tétanisés face à l'extrémisme qui gangrène la communauté islamique depuis de nombreuses années. Et, au moment où quelques notabilités, non sans grand courage, clamaient leur innocence, elles ne trouvaient pas toujours de tribune médiatique pour relayer leur clameur.

Cette phobie est due aussi à la méconnaissance du sujet. Le simple vocable « islam » génère beaucoup de fantasmes. Que des citoyens choqués par l'hyperterrorisme colportent, dans des raccourcis hâtifs, des préjugés saugrenus, c'est compréhensible voire excusable. Nous pouvons simplement regretter qu'ils délèguent leur capacité d'entendement aux faiseurs d'opinions. Mais le drame réside justement au niveau de certaines autorités politiques, journalistiques et académiques qui continuent à débiter fadaises et poncifs au sujet de l'islam.

J'espère qu'à la fin de ce livre nous aurons réussi à apaiser les esprits et les cœurs, à lever les malentendus et à instaurer le climat de confiance nécessaire à un mieux-vivre ensemble. L'équipe éditoriale des Presses de la Renaissance, se faisant l'écho de l'opinion publique, a voulu me poser les questions les plus couramment entendues. Toute question a été la bienvenue, car toute doctrine, toute idéologie, toute philosophie et à plus forte raison toute pensée religieuse qui élude les questions, esquive le choc des idées et fuit le débat, s'atrophie. Devenue vulnérable, redoutant l'asphyxie, il ne lui reste plus que le fanatisme et la terreur pour pouvoir exister...

1

Les fondements

Que veut dire « islam » ?

Les orientalistes et, dans leur sillage, les éditeurs distinguent deux orthographes : celle qui écrit l'islam avec un « i » minuscule renvoie à la religion dans ses sens spirituel, cultuel et liturgique. C'est, par exemple, l'équivalent de « christianisme ». En revanche, lorsque la typographie introduit le « I » majuscule, il s'agit plutôt de la civilisation des musulmans ainsi que l'aire géographique qu'ils occupent ; c'est l'équivalent de « chrétienté ».

Quant à l'étymologie du mot lui-même, « islam » dérive de la racine triconsonantique arabe *S.L.M.*, qui donne *salam* et qui, en dépit de tout – maintenant plus que jamais – signifie « paix » et « salut ». S'islamiser revient ainsi à entrer dans la Paix... C'est une pacification de l'âme.

Par ailleurs, on a coutume de traduire le mot « islam » par « soumission ». Outre que cette traduction a longtemps corroboré l'idée d'une résignation morose et fataliste, elle est totalement fausse, aussi bien du point de vue de la stricte synonymie que de celui de la rigueur linguistique. Il n'y a pas d'isomorphisme entre les deux mots dans les deux langues. En effet, à l'inverse, le mot « soumission » rencontré en français n'est jamais rendu par « islam » en arabe. En réalité, la périphrase qui rend le mieux son sens est : « déprise de soi pour une remise de soi confiante et dans la paix à... », en l'occurrence à Dieu. C'est un abandon paisible et spontané dans un acte libre, en être libre. Enfin, l'islam est une allégeance perpétuelle à l'infinie seigneurie de Dieu.

Quels sont les origines et les fondements de l'islam ?

L'islam ne se veut pas une religion nouvelle. Il est le continuateur et le propagateur, dans un prolongement naturel, des préceptes nobles et des commandements moraux que recèlent à profusion les deux religions révélées qui le précèdent. Pour nous, musulmans (de *muslim*, « celui qui professe l'islam »), l'islam « confirme », en les reconnaissant, le judaïsme et le christianisme. Plus encore, il se veut un retour à la foi d'Abraham et une restauration de son culte qui aurait été altéré et gauchi. C'est la réactualisation du monothéisme originel et radical. L'islam se présente donc comme la religion de la prime nature, celle qui, *via* la Révélation coranique, relie l'homme à son Créateur. En somme, l'islam est une religion primordiale et immuable.

On serait tenté de voir dans cette définition, et dans une vision séquentielle de la Révélation, selon la métaphore des tables gigognes, une insertion du judaïsme dans le christianisme et du christianisme dans l'islam. Ce dernier, coiffant l'ensemble, accomplirait au mieux ce qui précède – ou l'abrogerait, au pire ! Mais, métaphore pour métaphore, celle qui l'illustrerait le mieux, à mon sens, serait celle de l'œuvre de Monet quand il a peint la cathédrale de Rouen. En effet, Monet a composé une série de toiles représentant la cathédrale à différents moments de la journée. Elles sont toutes nuancées par le jeu des ombres et des lumières, et néanmoins parfaitement semblables. Il en est de même de la Révélation divine. Elle est une et indivise, mais revêt des particularités propres aux contingences humaines et spatio-temporelles des peuples qui en sont les récipiendaires.

À cet égard, on ne pourrait prétendre un instant être musulman si on ne reconnaissait pas *ipso facto* la validité du message mosaïque. Moïse prophète-interlocuteur de Dieu dans le désert du Sinaï est une des constantes fondamentales de la croyance musulmane. De même, personne ne peut adhérer à l'islam sans intégrer l'enseignement de la morale christique. Il ne s'agit pas d'un syncrétisme mièvre et facile, mais d'une affirmation très forte du socle éthique et spirituel commun aux trois religions célestes. C'est aussi un attachement à la chaîne prophétique depuis Adam jusqu'à Mahomet, avec les maillons solides que sont les figures emblématiques de Noé, Abraham, Moïse et Jésus.

> *Dites : Nous croyons en Dieu et en ce qui nous a été révélé, et à ce qui a été envoyé à Abraham et à Ismaël, à Isaac, à Jacob et aux douze tribus, et en ce qui a été donné à Moïse et à Jésus, ainsi qu'en ce qui a été accordé aux prophètes par leur Seigneur. Nous ne faisons aucune distinction entre eux. Et nous nous remettons à la volonté de Dieu*[1]*. (La génisse 2, 136.)*

Les divergences entre les religions révélées ne portent pas sur la foi en un seul Dieu et l'enseignement des prophètes. Elles sont d'ordre dogmatique et concernent des points doctrinaux et théologiques.

En ce qui concerne l'approche historique de l'avènement islamique, de nombreux ouvrages spécialisés en offrent tous les détails. Nous choisirons ici de nous en tenir à une présentation succincte et concise.

L'islam entre dans l'histoire des hommes au début du VIIe siècle dans la péninsule arabique, entre la mer Rouge et le golfe Per-

---

1. Toutes les traductions des versets du Coran sont de l'auteur.

sique, à une époque où le paganisme – la gentilité – arabe baignait dans une mer de polythéisme, avec quelques îlots de croyants monothéistes juifs et chrétiens. Vivait aussi un groupe d'hommes et de femmes sans coloration confessionnelle, mais qui répugnait à se prosterner devant les idoles. Ils étaient les *Hanif-s*.

En 610, pendant le mois de ramadan, Mahomet[1], qui fuyait le tumulte de la ville et s'adonnait à la méditation et à la contemplation dans une grotte proche de La Mecque, reçut les premiers versets de la Révélation coranique. Le tout premier rapporte l'ordre qui lui fut intimé :

Lis, au nom de ton Seigneur qui a créé.
Il a créé l'homme d'une adhérence.
Lis ! Ton Seigneur est le plus généreux.
Il a enseigné par la plume,
A enseigné à l'homme ce qu'il ne savait pas.
(L'adhérence 96, 1-5.)

Ainsi commença l'apostolat de Mahomet, investi de la mission prophétique. La prédication du Prophète allait s'étendre sur une durée de vingt-trois années lunaires, caractérisée par les deux périodes mecquoise et médinoise.

Son enseignement consistait à proclamer l'unicité de Dieu et la reconnaissance de ses

1. Mohammed, né en 570, à La Mecque. Nous choisissons l'appellation francisée Mahomet, qui vient de Mehemet, une corruption par les Turcs ottomans.

prophètes. Il professait une religion qui, à ses tout débuts, ne fut pas appelée « islam ». Il prêchait la « sage souvenance », parlait de « Rappel » et de « religion immuable », la religion d'Abraham.

Les fondements théologiques de la « religion de Dieu » reposent sur une triade : la foi, le culte et l'excellence – ou le bel-agir.

Le premier volet de ce triptyque est la croyance « nécessaire » en Dieu, en ses messagers, en ses Livres, aux anges, au jour du Jugement dernier, au décret divin.

Le deuxième volet est la pratique cultuelle, qui elle-même repose sur les cinq piliers bien connus et que nous passerons en revue d'une façon très sommaire :

— la profession de foi que tout musulman et toute musulmane prononce pour attester l'unicité de Dieu et témoigner de la prophétie mohamadienne ;

— la prière canonique et liturgique qui ponctue la journée des croyants par un quintuple rendez-vous quotidien avec le Seigneur. On entre cinq fois par jour dans un espace-temps sacré, consacré à une oraison intime et fervente à Dieu ;

— l'aumône légale, qui est un droit divin des pauvres sur les riches, dans une vision d'équipartition des richesses. Elle renvoie à la nudité primordiale de l'homme, qui vient nu à ce monde et repart nu de ce monde. La fortune, étant une lourde responsabilité, doit être gérée comme un usufruit. Car, *in fine*, l'homme ne possède rien ;

— le jeûne du mois de *ramadan*. C'est un jeûne diurne impliquant une dimension personnelle de maîtrise de soi, une dimension transversale de solidarité et d'entraide, ainsi qu'une autre de détachement et d'élévation spirituelle ;

— le pèlerinage au sanctuaire de la *Kaaba*, le temple cubique vêtu de noir qui se trouve à La Mecque. C'est un forum annuel où les croyants, pleurant leurs péchés, viennent renouveler leur allégeance à Dieu, invoquer sa miséricorde et implorer son pardon. C'est l'occasion aussi pour eux de se reconnaître frères égaux devant Dieu. Le pèlerin revient toujours auréolé d'une nimbe de sagesse et de bénédiction.

Le troisième volet du triptyque est relatif au comportement du croyant : « Adore ton Seigneur comme si tu Le voyais, car si tu ne Le vois pas, Lui te voit. » Et comme il ne le voit pas, il doit le projeter sur son icône, l'homme, son semblable. Adorer Dieu, c'est donc aimer l'homme. Prétendre vouer un culte pur et sincère à Dieu sans transiter par le visage de l'homme n'est que pure hypocrisie et mensonge manifeste. Servir Dieu, c'est être au service de l'humanité.

L'assemblée des musulmans dans le monde est répartie en deux grandes obédiences majoritaires en nombre, mais, en réalité, en trois branches « doctrinales » : le sunnisme, le chiisme et le kharéjisme.

Le sunnisme est l'ensemble des communautés qui se caractérisent par l'accent mis sur la fidélité à la Tradition du Prophète, la *sunna*. Celle-ci relate les dires de Mahomet ainsi que ses faits et gestes. Elle est l'aune à laquelle est jaugé le comportement du croyant. Les « gens de la Tradition et de la Communauté », comme ils se désignent eux-mêmes – les sunnites – sont de loin les plus nombreux. Ils représentent la quasi-totalité des musulmans dans le monde, près des neuf dixièmes. Les sunnites se considèrent comme orthodoxes par rapport au chiisme qui s'en sépara au début du Ier siècle de l'Hégire. Ils sont disséminés dans le monde entier.

Le chiisme, cependant, n'est pas un schisme, en ce sens que les divergences ne portent pas sur des questions dogmatiques, mais ont trait à des considérations plus politiques et temporelles. Les chiites sont les partisans d'Ali (de *shî'at* : parti). Ils estiment que la succession du Prophète aurait dû revenir, avant les trois premiers califes Abû Bakr, Omar et Uthman, à Ali son cousin et gendre, voire exclusivement à lui et à sa descendance. Ainsi, le souffle de la prophétie se perpétuerait *via* Fatima, la fille du Prophète. Ils forment le dixième restant dans le monde de l'Islam. Le chiisme comprend une myriade de groupes, dont les plus connus sont les duodécimains, les zaydites et les ismaéliens.

Les kharéjites sont ceux qui sont « sortis » de ces deux grandes tendances. Ils ne sont qu'une infime minorité très localisée.

Le soufisme est la voie mystique. Il est l'intériorisation de l'orthodoxie qui transcende le légalisme rigoureux.

Qu'est-ce que le Coran ? Peut-il être interprété ?

Contentons-nous de souligner que le Coran est l'appellation francisée de *al qor'an*, terme arabe polysémique qui veut dire à la fois récitation, proclamation, lecture, prêche, voire, dans une certaine acception, rassemblement et protection. Il est, pour les musulmans, la Parole de Dieu transcrite, le Verbe qui s'est fait Livre, transmis par l'ange Gabriel à Mahomet. Il a été révélé en langue arabe claire pour la première fois dans la grotte de Hira, appelée depuis lors la grotte de la Lumière. Le Coran lui-même, en autoréférence, relate sa révélation dans de très beaux passages. Nous en présentons deux, en regrettant que la traduction fasse perdre l'assonance :

Non !... Je jure par les astres qui gravitent,
Qui glissent et s'éclipsent !
Par la nuit quand elle approche de sa fin !

Par l'aube quand elle exhale son parfum !
Ceci est la parole d'un noble messager ;
Puissant, auprès du Maître du Trône, ferme,
Obéi, en outre sûr !
Votre compagnon n'est pas un possédé ;
Il l'a bien vu à l'horizon lumineux,
Et ce mystère, il ne veut pas le taire.
Et ceci n'est point la parole d'un démon maudit !
Où allez-vous donc ?
Ceci n'est qu'un rappel pour tous les univers,
Pour celui qui, parmi vous, désire être droit et sincère.

(L'obscurcissement 81, 15-28.)

Par l'étoile à son déclin !
Votre Compagnon ne s'est pas égaré et n'est point dans l'erreur,
Il ne prononce rien sous l'effet de la passion ;
Ceci n'est rien d'autre qu'une révélation inspirée.
Un être puissant la lui a enseignée,
Doué d'énergie, qui se tint en majesté,
Alors qu'il se trouvait à l'horizon supérieur.
Puis il s'approcha et demeura suspendu,
Il fut à deux portées d'arc ou plus près encore.
Et Dieu révéla à son Serviteur ce qu'Il révéla.
Le cœur n'a pas inventé ce qu'il a vu.
Lui contestez-vous donc ce qu'il voit ?

(L'étoile 53, 1-12.)

La Révélation coranique a été morcelée et échelonnée sur la durée du ministère apostolique du Prophète, avec parfois des interruptions allant jusqu'à plusieurs mois. Elle constitue la copie d'un archétype consigné sur une « Table gardée » dans l'Empyrée céleste.

Le Coran se présente comme un corpus composé de plus de six mille deux cent trente-six versets répartis en cent quatorze sourates, classées dans l'ordre décroissant du nombre de leurs versets. C'est une classification comme une autre qui, évidemment, ne coïncide pas avec l'ordre chronologique. Il fut colligé sous le califat d'Uthman, sur ordre du calife. Les savants coranistes, ou coranologues, consacrent leur vie à l'étudier afin de pénétrer ses sens, cerner ses graphismes, comprendre ses variantes et maîtriser ce que l'on appelle la « science de l'abrogé et de l'abrogeant ». En effet, ils distinguent deux types de versets :

— ceux qui sont atemporels et anhistoriques. On les qualifie de paradigmatiques ; ils sont explicites et de portée universelle ;

— ceux qui sont relatifs au contexte contingent. Ces derniers voient leurs incidences sociales et psychologiques évoluer ou tomber totalement en désuétude. Leur abrogation est énoncée par le Coran lui-même :

> *C'est Lui qui a fait descendre sur toi le Livre, il s'y trouve des versets sans équivoque qui sont la base du Livre, et d'autres versets qui peuvent prêter à des interprétations diverses... (La famille d'Imrân 3, 7.)*

> *Si Nous abrogeons un verset quelconque ou que Nous le fassions oublier, Nous en appor-*

tons un meilleur ou un semblable. Ne sais-tu pas que Dieu est Omniscient ? (La génisse 2, 106.)

Quand Nous substituons un verset à un autre — Dieu sait très bien ce qu'Il fait descendre... (L'abeille 16, 101.)

Le Coran est l'unique miracle qui fut accordé à Mahomet. Lui qui était analphabète se mit à réciter des paroles qui eurent un impact hypnotique sur ses auditeurs, les Arabes de La Mecque. Ce fut d'autant plus fascinant qu'ils étaient des funambules de la langue et des virtuoses de la prosodie. La beauté plastique des sonorités musicales qui rythment les versets coraniques et leur perfection stylistique harmonieuse enchantent l'ouïe, saisissent l'esprit et apaisent le cœur. La valeur religieuse incantatoire des sourates est centrale dans la vie des musulmans. Leur psalmodie est un acte d'adoration. Le croyant se laisse emporter dans les flots de la Parole divine et s'immerge totalement dans son flux.

L'autorité première et ultime demeure, en islam, un Livre, dont le texte est interprétable avec l'intelligence et les aspirations de celui qui le lit et s'en nourrit, partout et à chaque instant. Le Coran est médité et intériorisé *hic et nunc*. Il a cette capacité intrinsèque d'épouser les contours et les sinuosités des existences humaines. Aussi, ceux qui y ont perçu le Souffle divin et qui ont répondu présents au mystère trahissent son esprit et son message lorsqu'ils viennent à tomber dans un littéralisme desséchant.

Moins d'un trentième du Coran est constitué de versets de type législatif et prescriptif. Dans cette fraction, beaucoup sont équivoques. Certains sont même, à l'évidence, inapplicables *stricto sensu.* Aucun fondamentaliste, fût-il le plus borné, ne peut soutenir que le pèlerinage au temple de Dieu à La Mecque doit être accompli à pied ou à dos de chameau, alors que le verset qui l'institue est clair :

> *Annonce aux peuples le pèlerinage. Qu'ils l'accomplissent à pied ou sur quelque monture que ce soit. Qu'ils viennent des contrées les plus éloignées. (Le pèlerinage 22, 27.)*

De nos jours, les montures sont le jumbo jet et l'autocar climatisé.

L'homme sensé et doué d'intelligence ne ridiculise pas son Seigneur. Il doit lui rendre hommage et exprimer sa gratitude en investissant le monde et en le faisant fructifier pour les générations futures. La foi véritable est celle qui va de pair avec l'éveil hybride du cœur et de la raison, en conformité avec le Coran lui-même, qui enjoint à la recherche, à la réflexion et à la connaissance. Plus du huitième de ses versets le rappellent avec insistance.

Bien sûr que le Coran peut être interprété. Il l'a été et il le sera toujours. Pas moins d'une quinzaine d'écoles d'exégèse ont fait autorité. Elles couvrent toute une gamme d'interprétations : anagogique, parabolique, métaphorique, symbolique, allégorique... L'actuelle « sclérose en place » est due à l'enfermement dans lequel veulent nous confiner certains *ulema*[1] conservateurs, barbus et enturbannés, au raisonnement obtus et anachronique. Ils ont sacralisé depuis des siècles l'œuvre humaine de leurs ancêtres, alors que ceux-ci, hommes de génie, n'avaient pas engagé les fidèles pour un temps postérieur au leur.

Nous devons nous débarrasser des scories qui flétrissent la grande tradition de critique et de libre examen des penseurs musulmans. Nous avons besoin, afin d'accomplir cette immense tâche, de nous libérer d'abord des impedimenta moraux qui engourdissent nos esprits et ankylosent notre pensée. Le salut réside dans la lecture moderne des textes exégétiques. Nous devons les dépoussiérer et savoir les réactualiser pour une promotion vers l'authentiquement humain.

Que pensent les musulmans de Jésus et de Marie ?

Les musulmans reconnaissent Jésus comme le Verbe de Dieu qui s'est fait chair.

1. Savants spécialistes notamment en sciences religieuses.

Il incarne la Parole interjetée dans le sein de Marie et fortifiée par l'Esprit-Saint – même si le vocabulaire utilisé n'a pas le même sens dans les deux théologies, chrétienne et musulmane. Cependant, nous reconnaissons comme les chrétiens la naissance virginale et miraculeuse de Jésus, signe de l'omnipotence divine.

> *Nous lui insufflâmes de Notre Esprit et Nous fîmes d'elle et de son fils un signe pour les mondes. (Les prophètes 21, 91.)*

> *... Signe pour les hommes ; miséricorde venue de Nous... (Marie 19, 21.)*

Sans voir en lui le Fils de Dieu, Jésus est reconnu comme Messie – l'Oint de Dieu – et éminent prophète. Guérisseur et thaumaturge, il est le sceau de la sainteté.

> *Nous avons donné à Jésus fils de Marie les preuves, et nous l'avons fortifié par l'Esprit de Sainteté. (La génisse 2, 87.)*

> *Que la Paix soit sur lui le jour où il naquit, le jour où il mourra, et le jour où il sera ressuscité vivant ! (Marie 19, 15.)*

Jésus parle de lui-même en ces termes dans le Coran :

> *Je suis en vérité le serviteur de Dieu. Dieu m'a donné le Livre et a fait de moi un prophète. Il a fait de moi un être béni en toutes circonstances. Il m'a ordonné d'accomplir la prière et l'aumône ma vie durant, et d'être bon envers*

ma mère. Il ne m'a pas fait violent ni malheureux. Et que la paix soit sur moi le jour où je naquis, le jour où je mourrai et le jour où je serai ressuscité vivant. (Marie 19, 30-33.)

Les musulmans attendent son retour – sa parousie –, puisqu'il est annonce de l'Heure, du Jugement dernier. Jésus a toujours été un noble modèle que les musulmans ont à cœur de suivre. Les plus pieux parmi eux intègrent son enseignement. Ils méditent souvent le Sermon sur la montagne (Matthieu, 5 à 7) en intériorisant les Béatitudes (Matthieu 5, 1-13). La dévotion populaire célèbre partout le culte marial, car Marie, « élue et préférée », est vénérée. Seule femme citée nommément dans le Coran, elle est considérée comme la « *first Lady* » du paradis :

Ô Marie ! Dieu t'a élue en vérité ; Il t'a purifiée ; Il t'a choisie de préférence à toutes les femmes de l'univers. (La famille de 'Imrân 3, 42.)

2

Islam et culture, islam et histoire

Arabes et musulmans, quelles différences ?

Ces deux termes sont très souvent confondus mais ne sont pas réductibles l'un à l'autre. Il n'y a aucune raison de les identifier systématiquement. Cela constituerait même une aberration intellectuelle.

Les Arabes appartiennent au groupe ethnique sémitique qui, à l'origine, a peuplé la péninsule... arabique. Ils sont constitués globalement de trois souches. La plus connue et la plus représentative est celle qui se rattache à Ismaël, fils de l'illustre patriarche Abraham, lui-même descendant de Sem, l'un des trois fils de Noé. Nous avons donc affaire à des Sémites parlant une langue sémitique. À cet égard, les déclarations traitant les Arabes d'antisémites en raison de leur position dans le conflit israélo-palestinien seraient loufoques, n'était la gravité de la question. Pire encore, on entend très souvent des journalistes vedettes inclure l'Iran dans le monde arabe ! S'ils connaissaient les rivalités ancestrales entre les Perses et les Arabes, ils ne commettraient pas une ineptie pareille. Sans parler de ceux qui s'apitoyaient, lors de la guerre de Bosnie, sur le sort des Arabes de Mostar recevant les missiles serbes...

Les Arabes musulmans ne représentent qu'une minorité dans le monde islamique, une fraction de l'ordre d'un sixième. Les Arabes non musulmans existaient bien avant l'avènement de l'islam et continuent à vivre et à se perpétuer aussi bien dans le monde arabe que dans la diaspora. Les Arabes chrétiens s'adressent à *Allah al-ab* – Dieu le Père – en célébrant l'eucharistie, et ils lisent les Évangiles en arabe. Quant aux Arabes judaïsés, ils voient certes leur nombre s'amenuiser, mais n'en demeurent pas moins attachés à la culture arabe.

Avec les Arabes bahaïs [1] et ceux qui se sont convertis au bouddhisme ou à l'hindouisme, ainsi que les agnostiques et les athées, nous aurons passé en revue, d'une façon très sommaire, l'éventail des appartenances confessionnelles des Arabes. Même s'ils ne constituent pas une unité politique, leur conscience vive d'appartenir à une même nation les pousse à aspirer à plus de cohésion et de solidarité par-delà les clivages confessionnels. On cite souvent l'exemple de Michel Aflaq (1910-1989), fondateur du parti Baas au pouvoir en Irak et en Syrie, qui était un Arabe chrétien.

---

1. Adeptes du bahaïsme, mouvement « syncrétique » religieux. (Note de l'éditeur.)

Les musulmans, eux, sont des hommes et des femmes qui ont embrassé la religion islamique quelle que soit leur origine ethnique : Afro-Malgaches, Slaves, Turco-Mongols, Kurdes, Somalis, Berbères, Magyars, Aryens, Malais, Indiens, etc. Ils forment une communauté éclatée de plus d'un milliard deux cent millions d'individus dans le monde. Le centre de gravité de cette nébuleuse démographique se trouve en Insulinde. Le plus grand pays musulman est l'Indonésie. La minorité musulmane en Chine est beaucoup plus importante en nombre que la population de l'Egypte et de la Syrie réunies. D'ailleurs, la première langue pratiquée actuellement dans le monde de l'Islam est l'ourdou – parlé en Inde du Nord et au Pakistan – et non l'arabe.

Mais ce n'est pas parce que la langue véhiculaire de la Révélation coranique est l'arabe qu'elle confère aux Arabes un quelconque privilège sur les autres. En effet, Mahomet dit dans son dernier prêche, appelé Sermon de l'adieu :

> *Ô vous, les gens ! Votre Seigneur est unique, et votre ancêtre est un. Tous vous descendez d'Adam, et Adam vient de la Terre. Le plus noble parmi vous auprès de Dieu est le plus pieux. Il n'y a de différence entre un Arabe et un non-Arabe que par la piété...*

Ce passage fait écho à un verset coranique d'une portée encore plus générale, qui dépasse le cadre de la communauté islamique :

> *Ô vous les gens ! Nous vous avons créés d'un homme et d'une femme et nous vous avons constitués en peuples et tribus afin que vous vous reconnaissiez. Le plus noble d'entre vous auprès de Dieu est le plus pieux... (Les appartements 49, 13.)*

Quelle est la spécificité de la culture arabe à l'intérieur de l'Islam ?

La culture arabe demeure comme un noyau central autour duquel gravitent d'autres formes de cultures islamiques, alors que l'élément humain arabe fut « dissous » très tôt dans l'ensemble de la constellation islamique avec sa myriade de coutumes et traditions. Il s'agit, avant tout, des valeurs pérennes légendaires d'accueil, d'hospitalité et de générosité, qui prennent leur origine dans l'idéal abrahamique d'amour et de xénophilie – d'ouverture envers l'étranger. La diversité des cultures est une richesse extraordinaire pour les musulmans au sein de la communauté, cette matrie qui, contrairement à la patrie, transcende les clivages ethniques ou géographiques. À ce sujet, nous pouvons constater qu'à travers l'Histoire, bon nombre de figures emblématiques musulmanes n'étaient pas de souche arabe : Tariq (chef d'origine berbère), Saladin (sultan kurde), Rûmi (poète et mystique persan), Avicenne (médecin et philosophe persan), Akbar (empereur de la dynastie des grands Moghols), Tamerlan (émir mongol), Soliman (sultan turc), Rimbaud (poète français)..., pour ne citer que ceux-là.

Quant à la civilisation, elle était tout simplement impériale. L'Alcazar de Séville, le palais de l'Alhambra à Grenade, la mosquée de Cordoue, la résidence de Topkapi à Istanbul, ou encore le monument funéraire de Taj Mahal près d'Agra en témoignent par leur splendeur et leur magnificence.

Le monde musulman est-il si différent du monde occidental ?

L'opposition Islam/Occident est foncièrement impropre, tant sur les plans historique et géographique que conceptuel. On ne peut, d'un point de vue épistémologique rigoureux, opposer une religion et la culture qu'elle sous-tend – l'islam – à une région du monde aux contours mal définis – l'Occident. De surcroît, la principale religion de cette région, le christianisme, n'est plus le principal pourvoyeur de sens et émet plus que des réserves à l'égard des idées qui y prévalent.

Peut-être faut-il rappeler que, sur le plan historique, l'Islam fut un occident absolu pendant plusieurs siècles. Il fut présent dans la partie la plus occidentale du monde connu, depuis que Tariq franchit en 711 le détroit des colonnes d'Hercule (qui porte depuis lors le nom de détroit de Gibraltar, c'est-à-dire « djebel Tariq ») jusqu'à la découverte du Nouveau Monde en 1492 par Christophe Colomb. Et d'un point de vue géographique, il est bien évident que l'Autriche n'est pas un occident pour le Maroc...

De plus, si par « occidental » on se réfère aux valeurs judéo-chrétiennes, nous savons bien que le judaïsme et le christianisme sont deux religions dites monothéistes nées en Orient, dans une grande aire suméro-babylonienne, et que l'islam les rejoignit en proclamant qu'il en était le continuateur, avec un attachement indéfectible au monothéisme d'Abraham. La base éthique est une et commune. Le Décalogue est épars dans le Coran.

Si on entend par « occidental » la culture techniciste, scientifique, moderne et sécularisée, on doit constater qu'elle est totalement neutre. De nombreux musulmans y participent, depuis le Pakistanais Abdus Salam, prix Nobel de Physique avec les Américains Sheldon Lee Glashow et Steven Weinberg en 1979, jusqu'aux chercheurs qui font tourner les laboratoires « occidentaux ».

Enfin, on ne peut opposer musulmans et Occidentaux alors que des millions de musulmans partagent au quotidien les aléas et arias de l'Occident. Qu'ils soient hôtes ou nationaux de souche, on en dénombre plusieurs millions en Europe occidentale et en Amérique du Nord.

Maintenant, si nous abordons les questions cruciales de démocratie, des libertés fondamentales et des droits de l'homme, il est vrai qu'elles ne sont pas encore résolues dans les pays islamiques, et notamment dans le monde arabe. Mais imputer à l'islam d'une façon intrinsèque leur inexistence serait faire preuve de myopie intellectuelle, qu'il faut corriger. Les raisons sont accidentelles et conjoncturelles. Pour des considérations purement politiques, une chape de plomb étouffe les libertés d'expression et de conscience, imposant le primat de la pensée officielle. D'autres sphères culturelles telles que l'Amérique latine, l'Afrique australe, l'Europe orientale, la Chine, ont longtemps souffert de l'absence de libertés ou tardent à les mettre en place sans que cela soit imputé à la religion. J'espère qu'à travers les questions suivantes nous aurons l'occasion de nous y attarder.

En Europe même, il ne faudrait pas oublier que l'*Aufklärung,* le siècle des Lumières, n'est pas venu avec la bénédiction de l'Église, mais contre sa volonté. Celle-ci a dû s'adapter, et non sans drames. C'est donc un long cheminement qui nous permet aujourd'hui de nous réjouir de la maturité de l'Eglise et de son *modus vivendi* exemplaire dans les sociétés sécularisées. Il n'y a aucune raison théologique pour qu'il n'en aille pas de même à l'intérieur de l'Islam, pour peu que les théologiens et les *ulema* aient le courage intellectuel d'entreprendre un énorme travail de réforme, à l'exemple de ce que fit l'Église lorsqu'elle lança son *aggiornamento* par la mise en œuvre du concile Vatican II. L'Islam attend que soit désacralisée l'œuvre humaine issue de la scolastique médiévale.

Pour aller plus loin, on oublie trop souvent que la culture dite occidentale s'est longtemps enrichie de la musulmane. Sans apologie aucune, et pour sortir d'une vision européanocentriste de l'Histoire, il faut reconnaître la contribution des Arabes au corpus du savoir universel et leur part d'héritage dans le patrimoine de l'humanité tout entière. Il serait temps de s'acquitter de la dette de reconnaissance à l'égard des médecins Rhazès et Avenpace, du chirurgien Abulcassis, du théologien Algazal, du mathématicien et physicien Alhazen, ou encore de Abubacer, l'auteur du roman philosophique *Philosophus autodidactus*, pour ne citer que quelques-uns parmi les latinisés.

L'Islam n'a pas redécouvert le classicisme athénien. Il fut directement légataire de l'hellénisme, de par sa proximité géographique et sa continuité historique avec la Grèce. Les philosophes musulmans furent plus que de simples transmetteurs passifs, ils eurent un rôle déterminant dans la connaissance de l'œuvre grecque avant qu'elle fût traduite au latin. Les maîtres de l'université de Cordoue, ville nommée « perle de l'Univers », enseignaient les mathématiques, l'astronomie, la philosophie, le droit et la médecine. La langue arabe fut, du VIIIe au XIIe siècle, la langue véhiculaire du savoir dans toute l'Europe du Sud et le Bassin méditerranéen et permit également de transmettre des connaissances venues d'Inde ou de Chine.

Le grand maître andalou Averroès (1126-1198), introducteur et traducteur notamment d'Aristote, connu comme *El comentator*, fut le mentor de la pensée occidentale jusqu'à l'érudit Pic de La Mirandole (1463-1494). Que l'on fût averroïste comme le maître Siger de Brabant (1235-1281) ou que l'on s'opposât à ses thèses, comme les dominicains Albert le Grand (1193-1280) ou saint Thomas d'Aquin (1228-1274), il ne laissait personne indifférent à la Faculté des Arts de Paris.

Des traducteurs tels que Gundisalvi, Domingo, Pierre Alphonsi, Gérard de Crémone, Hermann le Dalmatien, Adélard de Bath, Daniel de Morlaix et Michael Scott se sont affairés à rendre compte de la subtilité et de la précision de la langue arabe. L'empereur Frédéric II de Hohenstaufen (1194-1250), grand mécène qui rassembla à Palerme des savants grecs, arabes, italiens et juifs, parlait lui-même l'arabe. Nous-mêmes le pratiquons en partie sans le savoir. J'en veux pour exemple ce passage relatant une scène fictive qui n'est autre que de l'arabe francisé :

> *Mon cher abbé, asseyez-vous sur le divan sous l'alcôve, je serai en face sur le sofa. Voulez-vous boire un sirop ou manger un sorbet ? Déguster un café amer ou sucré ? À moins que vous ne préfériez un alcool venant de l'alambic et pas du magasin. En attendant, vous pouvez consulter ces manuels d'alchimie et d'algèbre qui recèlent beaucoup d'algorithmes et de chiffres. Après cela, nous jouerons aux échecs. L'enjeu est une émeraude, alors attention à l'échec et mat ! Ouvrons les moucharabiehs afin de sentir le jasmin et voir au loin l'amirauté avec le vaisseau amiral entouré de felouques...*

L'introduction des poètes panégyristes dans le cérémonial des cours princières en Europe s'inspirait du décorum califal. Le roi Roger II de Sicile portait, le jour de son sacre, un manteau orné de vers de poésie arabe écrits en fil d'or. Autre exemple, qui dépasse l'anecdote : le 12 juin 1755, l'université prussienne de Königsberg décerna le diplôme de docteur en philosophie à Emmanuel Kant. Ce diplôme portait en en-tête un verset coranique énumérant les appellatifs divins et enjoignant à l'acquisition du savoir.

L'art lyrique illustre bien cette forte prégnance culturelle en Europe avec *L'Enlèvement au sérail*, composé par Mozart, où le pacha Selim, magnanime, consent à restituer la fiancée à son amoureux, ou *L'Italienne à Alger* de Rossini, sans oublier *Shéhérazade*, de Rimski-Korsakov, ni *Les Arabesques* de Debussy.

L'art pictural témoigne aussi de l'engouement des grands peintres pour l'orientalisme romantique. Eugène Delacroix (1798-1863) et Eugène Fromentin (1820-1876) en sont une brillante illustration. Mais le mouvement avait commencé bien avant eux. Le Suisse Jean-Etienne Liotard (1702-1789) fit son autoportrait coiffé à la turque et peignit Marie-Adélaïde de France en costume oriental – c'était la grande mode à son époque...

Dans le domaine des belles-lettres, *Zadig* de Voltaire, *Les Lettres persanes* de Montesquieu et *Le Divan* de Goethe montrent leur intérêt pour l'Islam. On pourrait citer de nombreux auteurs encore. Victor Hugo n'a-t-il pas écrit dans *La Légende des siècles*, à propos de Mahomet :

Ô Chef des croyants ! Le monde
Sitôt qu'il t'entendit, en ta parole crut.
Le jour où tu naquis une étoile apparut
Et trois tours du palais de Chosroès tombèrent.

La reconnaissance de la prophétie mohamadienne par Lamartine (1790-1869), jointe à sa croyance en l'unicité de Dieu, fait de lui *de facto* un musulman non pratiquant...

Quel est le poids des croisades dans l'inconscient collectif des musulmans ?

Je crois pour ma part que le « souvenir » des croisades dans la conscience collective musulmane s'est sérieusement estompé. Mais des célébrations comme celle commémorant l'appel d'Urbain II en 1995, en France, ont failli ou dû raviver un ressentiment enfoui. Actuellement, des diatribes enflammées appelant à une nouvelle croisade des judéo-chrétiens contre les musulmans ne vont sûrement pas dans le sens de l'apaisement. La raison nous recommande d'y être insensibles, ou tout du moins de les relativiser dans le contexte de tensions internationales post-attentats. Ce n'est pas parce que des organisations terroristes, qui ne nous engagent en rien, usurpent l'islam et parlent d'une guerre contre « l'infidèle » qu'il faut entrer en résonance, en parlant de « fascisme islamique » ou de « supériorité indéniable de la chrétienté sur l'islam ».

En tout état de cause, les musulmans essayent de ne garder de cet épisode de l'histoire que la phrase de Saladin : « Pardonnez ! Car pardonner fait convertir les cœurs. » Il n'y a aucune raison de s'appesantir sur les frictions du passé. Nous devons apprendre à les dépasser. Nous devons savoir en tirer les conséquences. Un dialogue serein, loyal, objectif et respectueux, instauré dans la confiance, notamment depuis Vatican II, entre les chrétiens et les musulmans, avec les juifs, peut et doit les amener à témoigner des valeurs de pardon et de réconciliation. L'attitude des croyants sincères doit faire en sorte qu'un mal soit sublimé en bien, sans fatalisme ni dolorisme.

3

Morale et destinée

Y a-t-il des préceptes de morale intangibles dans le Coran ?

La préoccupation majeure du Prophète, dès le début de sa mission à La Mecque, fut de parfaire la morale. Il proclama qu'il n'avait été envoyé, comme messager, que pour affiner les préceptes moraux en accomplissant la Loi mosaïque. Non seulement les dix commandements sont affirmés avec force, mais le Coran ajoute, outre la justice et la charité omniprésentes, une véritable éthique. Celle-ci sera à la base de toutes les relations interindividuelles. Les bonnes œuvres témoignent de la foi. Commander le Bien et l'ordonner consiste à vivre en conformité avec les prescriptions divines et à goûter au bonheur. Faire le mal revient à s'en écarter et donc à en subir les lourdes conséquences :

> *L'homme ne se lasse pas d'implorer le bien. Si le mal le touche, le voilà désespéré, désemparé. (Les versets détaillés 41, 49.)*

La mission des croyants sur terre consiste à pratiquer le bien convenable et à interdire le mal blâmable :

Vous êtes la meilleure communauté qu'on ait fait surgir pour les hommes. Vous commandez le bien, interdisez le mal et croyez en Dieu. (La famille d''Imrân 3, 110.)

La « meilleure », parce que – et à condition que – elle commande le bien et interdit le mal. Être disposé à accomplir cette mission implique une propension naturelle à la vertu :

Ils croient en Dieu et au jour dernier, ordonnent le bien et interdisent le mal, se hâtent dans les bonnes œuvres. Et ils sont parmi les vertueux. (La famille d''Imrân 3, 114.)

Nous pourrions poursuivre l'énumération de tous les versets coraniques exhortant les fidèles à se surpasser dans les bonnes œuvres, mais nous nous contenterons de ce dernier :

Que soit issue de vous une communauté qui appelle au bien, ordonne le convenable et interdise le répréhensible. Ce sont ceux-là qui réussiront. (La famille d''Imrân 3, 104.)

Les comportements des musulmans au sein de la société sont balisés par des règles de conduite bien établies. La morale islamique prévient ainsi la moquerie et la raillerie :

Ô vous qui avez cru ! Que les uns ne se moquent pas des autres, peut-être les ridiculisés sont-ils meilleurs que les railleurs. De même, que les femmes ne raillent pas d'autres femmes : celles-ci valent peut-être mieux qu'elles. Ne vous calomniez point et ne vous vexez point par des appellations injurieuses ! Combien est détestable le nom de pervers après qu'on a reçu la foi ! Ceux qui ne se repentiraient pas, ceux-là seraient les injustes. (Les appartements 49, 11.)

Elle proscrit l'esprit d'intrigue et de dénigrement et récuse toute calomnie, toute médisance. Les fidèles ne doivent ourdir aucun complot ni tisser la trame d'aucune conspiration :

Ô vous qui avez cru ! Evitez de trop conjecturer sur autrui ! Certains soupçons sont péchés. N'espionnez pas ! N'intriguez pas les uns contre les autres ! L'un de vous aimerait-il manger la chair de son frère mort ? Vous en auriez horreur. Soyez pieux envers Dieu ! Dieu aime à pardonner, Il est très miséricordieux. (Les appartements 49, 12.)

Le croyant musulman, à l'instar des autres croyants, a le devoir de solidarité à l'égard de tous les hommes. Il doit honorer les pactes contractés et tenir la parole donnée. Il n'a pas à juger sur dénonciation et doit être enclin à pardonner. D'ailleurs, les prescriptions de type talionesque sont suivies systématiquement d'injonctions au pardon :

Les bonnes et les mauvaises actions ne sauraient aller de pair. Rends le bien pour le mal et tu verras celui dont une inimitié te séparait se transformer en ami protecteur et chaleureux. (Les versets détaillés 41, 34.)

Nous trouvons également dans l'enseignement prophétique[1] ces aphorismes qui promeuvent la fraternité entre les hommes :

Nul ne peut prétendre être un croyant s'il n'aime pour son frère l'homme ce qu'il aime pour lui-même.

Les hommes sont enfants de Dieu, le plus proche parmi eux de Dieu est le plus utile à Ses enfants.

L'ange Gabriel ne cesse de me recommander le voisin et je m'attends qu'il le fasse [mon] héritier.

L'exemple des hommes dans leur amitié et leur compassion est celui d'un seul corps. Si un seul membre est atteint, tout le corps réagit en subissant la fièvre.

Quel est le sens donné à la vie humaine dans l'islam ? Que dit le Coran sur le meurtre ?

L'homme est investi d'une mission grandiose, celle d'être vicaire de Dieu sur terre, d'être son lieutenant, ou plutôt son tenant-lieu, enfin son ambassadeur. La notion du vicariat est centrale dans la théologie isla-

1. Outre le Coran, la tradition comprend le *hadith* – appelé aussi *sunna* – mot arabe qui signifie « récit, propos, maximes ». Ce sont les paroles du Prophète à propos de commentaires du Coran ou de certaines règles de conduite.

mique. Elle élève l'homme à l'état de déité. Réceptacle du Souffle divin, l'homme est ennobli par cette dimension :

> *... Nous avons fait de l'homme notre vicaire sur la terre. (La génisse 2, 30.)*

La personne humaine a des droits fondamentaux inaliénables. Toute atteinte à l'intégrité physique et morale de l'individu est résolument interdite. La vie humaine, et la vie tout court, est sacrée. La dignité et la vie d'un seul homme sont consubstantielles à la dignité et à la vie de l'humanité tout entière. Le Coran est on ne peut plus explicite à ce sujet :

> *Quiconque fait périr une vie humaine, non convaincue de meurtre ni de corruption sur la Terre, c'est comme s'il a tué l'humanité tout entière. Et quiconque sauve une vie humaine, il a sauvé l'humanité tout entière... (La table servie 5, 32.)*

Ou encore, cet impératif catégorique qui sacralise la vie :

> *Ne tuez point l'Homme que Dieu a rendu sacré... (La chevauchée nocturne 17, 33.)*

Le meurtre est donc condamné avec la dernière énergie. Verser le sang d'un homme est un péché irrémissible. L'assassin ne l'emportera pas au paradis : rien n'est plus clair que le blâme qui lui est infligé. L'anathème jeté sur le criminel est majeur. Il encourt le courroux divin ; sur lui tombe la sanction suprême, l'enfer pour l'éternité :

Il aura l'enfer comme récompense pour y demeurer éternellement. Dieu le frappera de Sa colère, le maudira et lui préparera un châtiment terrible. (Les femmes 4, 93.)

Quant au suicide, il est tout autant interdit et condamné. C'est un attentat contre la vie, laquelle est un don de Dieu. Le perpétrer pour ôter la vie à des innocents est *a fortiori* encore plus inacceptable. Que ce soit dans le Coran, dans les traités de théologie ou dans ceux de jurisprudence, on ne trouve nulle part la moindre justification du suicide. Au contraire, nous lisons :

... ne vous tuez pas vous-mêmes, car Dieu ne cesse d'être, en vérité, miséricordieux envers vous. » (Les femmes 4, 29.)

Dans la tradition prophétique, nous trouvons aussi cette mise en garde :

Quiconque se supprime sera privé de la miséricorde de Dieu au paradis et méritera sa colère en enfer.

À quelles conditions le paradis est-il accordé ? De quel paradis s'agit-il ? et de quel enfer ?

La rétribution des justes dans l'au-delà est, dans l'islam tout comme dans le judaïsme et le christianisme, une promesse récurrente. La récompense des âmes vertueuses consiste en un séjour éternel dans les jardins paradisiaques. Le paradis coranique surpasse, dans les descriptions qui en sont données, les Champs-Elysées, ces bosquets arrosés par les eaux du fleuve de l'oubli, le Léthé, où les élus jouissent d'une éternelle jeunesse, allongés sur des lits d'asphodèles, plongés dans les délices. Le paradis est l'ultime demeure des justes. Les commentateurs distinguent quatre jardins : les Délices, le Refuge, le Séjour et le Paradis. En réalité, outre certaines descriptions littérales – palais somptueux, liqueurs diaprées, mets exquis, houris lascives à la peau diaphane et aux grands yeux noirs, édredons de brocart –, les théologiens avancent des jouissances intelligibles et imaginatives. Seule la vision béatifique de Dieu est considérée comme le degré suprême du bonheur. L'élu est extasié d'amour et porte l'éclat de la félicité sur le front :

> *Ce jour-là, il y aura des visages resplendissants qui regarderont leur Seigneur.*
> *(La résurrection 75, 22 et 23.)*

Ce qui est recherché est la satisfaction et l'agrément divins :

> *Ô âme désormais apaisée, retourne auprès*
> *de ton Seigneur, satisfaite et agréée ;*
> *entre donc parmi Mes serviteurs,*
> *et entre dans Mon Paradis.*
> *(L'aube 89, 27-30.)*

Il existe un enfer qui est appelé tantôt la

Géhenne, tantôt la Fournaise. Il est le lieu des plus grands tourments, réservés notamment aux idolâtres et aux hypocrites. Un « voile » le sépare du paradis ; il est assimilé aux limbes. Les réprouvés auront des châtiments décrits d'une façon qui frappe l'imaginaire des bédouins arabes.

> *Et il y aura, ce jour-là, des visages assombris, qui s'attendent à subir l'annihilation.*
> *(La résurrection 75, 24 et 25.)*

Aussi bien le paradis que l'enfer sont à appréhender dans leur symbolisme. Les descriptions sont allégoriques. Si la Révélation coranique avait eu lieu en Scandinavie, on aurait eu des monographies du paradis et de l'enfer très proches de celles illustrées par le triptyque de Jérôme Bosch.

On rapporte que l'on rencontra un jour la mystique Rabi'a à Bassora, au début du IXe siècle, portant un seau d'eau dans une main et une torche dans l'autre. Elle disait qu'elle allait incendier le paradis et éteindre le feu de l'enfer. Ainsi les hommes n'adoreraient Dieu que pour sa majesté et sa munificence.

Est-il vrai qu'un « martyr » assure automatiquement le paradis à ses proches ?

Je m'efface devant le Coran. La réponse est sans équivoque :

Chaque âme n'acquiert que ce dont elle est responsable ; aucun être ne portera le fardeau d'un autre... (Le bétail 6, 164.)

Tout être aura à rendre compte :

... Il sera sûrement demandé compte de tout : de la vue, de l'ouïe et du cœur. (La chevauchée nocturne 17, 36.)

Nous pouvons ajouter que, bien que la communauté des humains doive être fondée sur le principe unificateur de l'amour, l'entraide et la solidarité, la responsabilité de chacun est foncièrement individuelle. Aucun être n'est substituable à un autre. Aucune âme n'est responsable d'une autre. Les passages émouvants qui suivent prennent à témoin le Cosmos pour le salut et la perte de chaque âme :

Par le soleil et sa clarté !
Par la lune quand elle le suit !
Par le jour quand il l'éclaire !
Par la nuit quand elle enveloppe !
Par le ciel et Celui qui l'a édifié !
Par la Terre et Celui qui l'a aplanie !
Par l'âme et Celui qui l'a modelée !
Lui inspirant son libertinage, de même que sa piété !
Heureux est celui qui l'aura purifiée !
Perdu est celui qui l'aura corrompue !
(Le soleil 91, 1-10.)

Ce que les Taliban font vivre aux femmes afghanes est-il dans la logique de l'islam ?

Non, en aucune manière ! Les Taliban sont une milice de jeunes étudiants en théologie, sous sa forme la plus archaïque, la plus nécrosée et la plus névrosée. Ils n'ont suivi aucun autre enseignement en dehors de leur *medersa*. Pour eux, le temps s'est figé au Moyen Âge. On rapporte que leur chef n'est pas convaincu de la rotondité de la Terre ! Ce que ces Taliban psychopathes, frustrés et obsédés font subir aux femmes – souvent beaucoup plus instruites et cultivées qu'eux, d'ailleurs – est abject. Rien, absolument rien ne fonde cette attitude inhumaine.

Je suis révolté devant ce scandale intolérable. Au vu et au su de tous, des êtres humains souffrent depuis des années dans l'indifférence quasi générale. Le silence lâche des dirigeants musulmans dans le monde devant la tragédie des femmes afghanes les rend *de facto* complices. Néanmoins, je dénonce aussi la passivité et l'hypocrisie de la communauté internationale. Elle s'est mobilisée – à juste titre – contre ce crime envers la culture qu'a constitué la destruction de la statuaire bouddhique, sans réagir contre le calvaire des femmes afghanes. Sous l'ancienne administration Clinton, la secrétaire d'Etat Madeleine Albright s'apprêtait à louvoyer avec les Taliban. Elle leur promit de les reconnaître aux Nations Unies, à charge pour eux d'extrader Oussama Ben Laden ! Ce qu'ils ne firent guère...

Quel est le statut de la femme dans le Coran ?

Cette question me paraît capitale dans l'éducation des sociétés et des générations à venir. Aussi voudrais-je, avant de développer la réponse, commencer par cet amer constat : il est vrai que dans certaines contrées islamiques, la situation de la femme est infra-humaine. Avec son statut de mineure quasiment à vie, elle connaît la claustration. Cette situation dégradante est inacceptable. C'est une atteinte grave à la dignité humaine dans sa composante féminine, et nous ne pouvons la tolérer. Mais alors, est-elle due au machisme, au sexisme, à la phallocratie voire à la misogynie des hommes ? Ou est-elle intrinsèque, organique, propre au Coran ?

S'il ne s'agit que du comportement d'hommes incultes vivant dans des sociétés arriérées et croulant sous des pesanteurs sociétales lourdes, la réponse sera : attelons-nous vite, qui que nous soyons – à commencer par les musulmans – à la vaste entreprise qui consiste à éduquer et à instruire l'ensemble de ces sociétés, en premier lieu les femmes. En revanche, si l'on nous objecte que la religion est un facteur aggravant, je répondrai : certes, il y a dans le Coran trois ou quatre passages qui paraissent durs contre la femme. Je ne sais comment, pris au pied de la lettre, je pourrais les intégrer dans l'économie du grand œuvre social en cette aube du XXIe siècle. Je me sens alors interpellé dans ma conscience de croyant. Toutefois, je les trouve beaucoup moins durs et moins problématiques que ce qu'enseigne le Lévitique. Ils sont de la même facture que ce que préconisent certaines lettres de saint Paul.

Reconnaissons que ce fut le patriarcat abrahamique qui conditionna le statut de la femme dans la culture sémitique. On rapporte que, dans la gentilité arabe, les femmes étaient réduites à un bien consommable que le fils héritait du père. Sauf que, paradoxalement, le paganisme ambiant investissait la femme d'une valeur ajoutée inhérente au code de l'honneur. Il fallait donc éviter qu'un « excédent » de chair féminine risquât d'être razzié par une tribu ennemie lors des incessantes guerres intestines. Ç'eût été l'opprobre suprême. Pour minimiser ce risque, on réduisait le nombre de filles en enterrant vivants les nourrissons femelles. Cela, aussi, faisait autant de bouches en moins à nourrir pour les plus pauvres. L'infanticide des nouveau-nées, par enfouissement dans le sable, était donc une pratique barbare courante à l'époque antéislamique, révélant à elle seule le traitement méprisant réservé aux femmes.

Le Coran vint l'interdire, condamnant catégoriquement cette coutume :

> *Quand on demandera à la victime ensevelie pour quel péché elle fut tuée... (L'obscurcissement 81, 8-9.)*

Le Coran affirme solennellement l'égalité parfaite et ontologique entre la femme et l'homme. Ils sont constitués de la même essence. Ils procèdent tous deux d'une âme unique, elle-même émanant de Dieu. Nous n'y retrouvons nullement que la femme est née de la côte flottante de l'homme :

> *Adorez votre Seigneur qui vous a créés d'une même âme unique et a instauré entre vous amour et miséricorde.*

Les penseurs musulmans parlent d'un androgyne originel qui se serait sexué après coup. Alors, l'attrait physique ainsi que les affinités affectives ne seraient rien d'autre qu'une volonté inconsciente de cicatriser la blessure et guérir du trauma occasionné par cette séparation.

De même, nous ne retrouvons nulle part que la femme, tentée et tentatrice à son tour, est responsable de l'éviction de l'homme du paradis. Elle n'y est absolument pour rien dans cette mésaventure. Bien au contraire, dans la relation islamique de cet épisode, c'est Adam qui désobéit et transgressa l'ordre divin. Le Coran est très explicite à ce sujet :

> *Adam désobéit à son Seigneur et fut dans l'erreur. (Tâ ha 20, 121.)*

Donc, rien ne justifie un comportement irrévérencieux à l'égard d'un être humain récipiendaire de l'effusion sainte de bonté et de miséricorde divines. Tout comme l'homme, la femme est icône de Dieu sur terre, indispensable à la vie, sujet de l'agir et du devenir humains. Sa présence dans le monde participe de l'harmonie et de l'équilibre. Dès l'avènement de l'islam, elle fut reconnue dans sa dignité et confirmée dans ses droits d'être humain.

En premier lieu, ses rapports charnels avec son mari furent encouragés et harmonisés. Dans cette quête d'une sexualité épanouie – non restreinte à la procréation –, la chambre conjugale sera un sanctuaire nuptial où se procurer du plaisir est un acte de piété.

Quant à la polygamie, elle n'est ni une prescription ni un droit pour les hommes. C'est une survivance d'une pratique archaïque antéislamique dont l'anarchie fut régulée par le Coran. Eu égard au nombre des femmes de Salomon, par exemple, les réduire à quatre fut un progrès spectaculaire ! Mieux encore, cette limitation à quatre co-épouses fut assujettie à des conditions si draconiennes que *de facto* elle devint irréalisable. Cette virtualité, qui était une réalité au VIIe siècle, est, au nom même du Coran, impossible à mettre en pratique, car :

> *Vous pouvez épouser celles qui vous plairont parmi les femmes, une, deux, trois ou quatre.*

Mais si vous craignez de ne pas les traiter avec équité, n'en épousez qu'une seule. C'est la conduite la plus proche de la Justice. (Les femmes 4, 3.)

Bien sûr, il s'agit d'une égalité parfaite de traitement, tant sur les plans matériel et charnel qu'affectif, et c'est cette condition qui est la plus difficile à réaliser, sinon impossible. Le Coran affirme ainsi que

Dieu n'a pas placé deux cœurs dans la poitrine de l'homme. (Les coalisés 33, 4.)

Et voilà la fin de non-recevoir :

Vous ne pouvez jamais être équitable entre vos femmes, même si vous en êtes soucieux et le désirez ardemment. (Les femmes 4, 129.)

Tout croyant sensé et sincère voit dans ce qui précède une injonction tacite à la stricte monogamie. Nous ne pouvons que stigmatiser l'égoïsme des hommes qui, profitant de l'ignorance des femmes, invoquent des permissions religieuses fallacieuses afin de donner libre cours à leur envie d'assouvir leurs désirs libidineux...

En ce qui concerne la dévolution successorale, reconnaissons à l'islam le mérite d'avoir institué le droit d'héritage pour la femme à une époque où elle-même faisait partie du patrimoine à léguer. En rester à une demi-part, alors que son frère jouit d'une part entière, est, maintenant, inéquitable. Aucun argument captieux sur la non-responsabilité de la femme dans la gestion des biens de la famille n'est convaincant de nos jours.

Son droit à l'acquisition du savoir devint un devoir, en vertu de ce *hadith* :

> *L'acquisition du savoir est un devoir pour tout musulman et toute musulmane.*

Nombreuses sont celles qui participèrent à la vie culturelle des grandes métropoles, depuis Cordoue, Grenade, Séville jusqu'à Samarkand et Tachkent, en passant par Bagdad et Ispahan. Anticipant Madame de Sévigné et Mademoiselle de Scudéry, combien de salons littéraires n'ont-elles pas animés, à l'instar de Ouallada, fille de Mustakfi, en Andalousie au XIIe siècle, pour ne citer qu'elle ?

Les poètes arabes ont chanté l'amour courtois et respecté la galanterie, tel celui qui a composé ces vers :

> *La féminité n'est pas une tare pour le soleil, bien au contraire,*
> *Et la masculinité n'a rien ajouté au terne éclat du croissant lunaire.*

(Sachant qu'en langue arabe le soleil est féminin, alors que la lune est masculine !)

Le plus grand métaphysicien arabe, *Doctor maximus*, Ibn Arabi (1165-1241), avait deux maîtresses... au sens de professeurs ! Ce sont deux femmes qui lui dispensèrent le savoir et lui prodiguèrent la sagesse.

Autonome financièrement, la femme était

souvent responsable de négoce ou superviseur de marchés, ou encore dirigeait des caravanes. Elle put devenir sultane, comme Shajarat ad-Durr en Egypte, ou se trouver à la tête de la dynastie séfévide en Perse.

D'une façon générale, la condition de la femme s'inscrit dans l'universalité de l'histoire humaine. La civilisation, sous toutes les latitudes, a toujours été masculine. Confinée dans son rôle d'épouse et de mère, une fois sortie du gynécée, la femme ne fut longtemps admise dans la vie publique que comme hétaïre, bacchanale, ménade, odalisque ou geisha. Rappelons que lorsque la paysanne musulmane était électrice et éligible en Turquie, Marie Curie, deux fois prix Nobel, ne votait pas ! Que lorsqu'on suggéra au général de Gaulle d'ouvrir un ministère des Droits de la femme, il rétorqua : « Et pourquoi pas un sous-secrétariat d'Etat au tricot ? » ! De même, lorsque Chantal de France osa prendre la parole publiquement, elle fut rappelée à l'ordre par son père le comte de Paris, qui argua d'une loi salique remontant à Clovis...

Ces cas ne sont pas cités dans un souci de controverse, mais uniquement pour montrer que l'émancipation de la femme requiert éducation, instruction et culture, certes, mais aussi une grande volonté politique et un engagement indéfectible de la société civile. Actuellement, le plus grand pays musulman du point de vue démographique, l'Indonésie, est dirigé d'une main de fer par une femme.

La Turquie, le Bengladesh et le Pakistan ont été gouvernés par des femmes. Aussi, on ne peut sérieusement admettre que, dans l'Islam, le témoignage d'un homme, fût-il le plus simplet, doive équivaloir à celui de deux femmes, fussent-elles les plus lucides et les plus savantes. Ailleurs, notamment en France, la femme était récusée comme témoin et ne put être jurée d'assises qu'au lendemain de la Seconde Guerre mondiale.

Le plus exaspérant dans cette navrante « affaire » qui ne cesse de faire débat, à savoir le statut de la femme dans le Coran, est que nous n'arrivons pas à sortir des polémiques stériles connues. Des controverses opposent les musulmans traditionalistes, puritains et rigoristes aux non-musulmans, effarés par la focalisation qui est faite sur le pervers et le négatif. En réalité, ni les uns, bornés, n'ont saisi la dynamique de progrès insufflée par le Coran, ni les autres, ignorants, ne sont au fait de l'histoire et de la civilisation islamiques.

Le Coran enseigne telle une propédeutique et avec la plus grande pédagogie que les incidences sociales de ses propres versets peuvent tomber en désuétude et être frappées d'obsolescence, dès lors que les conditions relatives au milieu environnant évoluent. Ce fut le cas du vivant du Prophète lors de sa prédication. Ses compagnons et les premiers califes – les mieux guidés – continuèrent cette pratique. Il adaptèrent au gré des changements sociaux leur « compréhensioninterprétation » du texte coranique ; un texte, somme toute, lisible avec les « lunettes » du moment. Cette souplesse et cette malléabilité ainsi que la capacité évolutive intrinsèque au Coran – que nous avons déjà évoquée – permirent aux premiers jurisconsultes de légiférer avec intelligence et pragmatisme. Qu'ils fussent en Mésopotamie ou en Egypte, leurs législations furent différentes comme elles durent aller de pair avec les exigences de leur temps. L'étroitesse d'esprit qu'affichent les doctrinaires islamistes de nos jours est d'autant plus affligeante qu'elle est récente et marginale dans la pensée islamique.

À cet égard, le port du voile n'est qu'une simple recommandation non assortie de la moindre coercition. Elle fut faite aux croyantes à une époque où les femmes dissolues se pavanaient seins en l'air, cheveux au vent... Cette recommandation n'était nullement une nouveauté. Ainsi, saint Paul, dans sa première épître aux Corinthiens, dit que « toute femme qui prie ou prophétise le chef découvert, c'est exactement comme si elle était tondue... » (1 Corinthiens 11, 5). Toute l'iconographie mariale présente la Mère du Christ voilée. Les femmes chrétiennes orthodoxes se voilent encore la tête en Ukraine et dans les campagnes grecques. Certaines femmes juives, observant strictement la Loi mosaïque, se rasent le crâne et mettent une perruque.

À mon avis, la pudeur, la vertu et l'expression de la foi n'ont nullement besoin d'être matérialisées par un fichu. Le véritable honneur d'une femme et sa dignité résident dans son instruction et son éducation qui l'affranchissent des carcans obsolètes. Ma désolation est grande de voir des fillettes à peine nubiles emmitouflées dans des tissus bigarrés qui les asservissent. Cependant, ayant affirmé cela avec force, et parce que je demeure attaché à la liberté, je me dois aussi de respecter celles de mes coreligionnaires qui, en toute conscience, décident de se voiler. J'aurais simplement souhaité, si tant est qu'il me soit permis d'émettre ce souhait, qu'elles le fissent avec élégance et esthétique. Dieu est beau et Il aime la beauté.

Si les affaires du monde étaient davantage confiées aux femmes, nous aurions moins de drames et de tragédies. Gageons que ce vingt et unième siècle sera plus féminin et laissera la place à plus de douceur, de tendresse et de sensibilité.

Je voudrais finir ma réponse-fleuve à cette question en rendant un hommage vibrant aux femmes algériennes musulmanes et à leur résilience face à la bête immonde qu'incarnent l'extrémisme religieux et la barbarie des terroristes criminels. Existe-t-il un courage plus grand et une résistance plus salutaire que de continuer à envoyer sa progéniture dans des lycées dont on sait qu'ils risquent d'être plastiqués par des pyromanes psychopathes ?

4

Guerre sainte, intégrisme, terrorisme

La guerre sainte est-elle inscrite dans le Coran ?

À travers cette question est mis en évidence un abus de langage scandaleux. Un glissement sémantique a dévoyé le concept de *djihad*. Nous aurons d'ailleurs à revenir plus précisément sur ce terme. Pour l'instant, je mets au défi quiconque de trouver dans le corpus coranique la moindre allusion, même elliptique, à une quelconque sanctification de la guerre. La guerre est toujours considérée comme une calamité et une rude épreuve. Nous ne trouvons nulle part l'épithète « sainte » accolée au mot « guerre », dussions-nous pour cela, encore une fois, compulser tout le Coran et tous les traités de théologie... Aucune guerre n'est sainte, et en quoi pourrait-elle être sainte ? Œuvre des hommes, elle ne peut être que profane.

La « morphologie » mentale des légistes et jurisconsultes n'a jamais conçu la notion d'une guerre qui pourrait être sacralisée.

Cependant, on ne peut nier qu'il existe un certain nombre de versets, notamment ceux de la sourate 9, intitulée « Le repentir », qui sont de facture martiale. Ils sont terribles et nous ne pouvons les ignorer ou les minorer. Ce sont ceux-là qui sont instrumentalisés par les extrémistes criminels du G.I.A. et les sbires de Ben Laden. Nous les passerons en revue par souci de transparence et de probité intellectuelle. Car il ne s'agit pas de procéder à une sélection des versets qui mettrait en exergue ceux qui enjoignent à l'amour, à la paix, à la mansuétude et à la miséricorde – de loin les plus nombreux –, et éluderait ceux qui nous posent problème aujourd'hui. Seul le langage de vérité nous guérira de la violence.

Mais nous ne devons jamais perdre de vue qu'il faut replacer le texte dans son contexte. Si ce dernier évolue, les incidences du texte qui lui sont relatives deviennent caduques. À plus forte raison lorsqu'il s'agit d'un ensemble de circonstances dans lesquelles viennent s'insérer des faits d'armes, dès lors que le milieu était hostile et guerrier.

Aucun être humain sensé n'impute à l'ensemble du judaïsme, une religion révélée, respectable et respectée, l'assassinat de vingt-neuf Palestiniens en pleine prière dans une mosquée, par Baruch Goldstein, qui justifia son geste par sa lecture du livre d'Esther, lors de la fête de Pourim. Ce n'est pas parce qu'il est dit dans la Bible qu'il faut exterminer les Jébuséens jusqu'à la septième génération et anéantir le peuple d'Amalec jusqu'à la dernière poule qu'on oublie le souffle d'amour qui traverse la Bible ! Le même traitement doit être réservé au Coran.

Je voudrais redire ici que je témoigne en croyant musulman. Et j'essaie de me réislamiser à chaque instant. Car l'acte de foi est un engagement de tout l'être, de la spontanéité immédiate à la réflexion. Il est aussi un perpétuel recommencement. Aussi, je ne veux nullement plaider une cause *pro domo* et ne manifeste aucune ardeur chauvine à l'islam. Si j'étais né à Katmandou, je serais probablement bouddhiste. Nous ne devons pas radicaliser ce que nous avons « hérité » sans le passer au filtre de l'entendement. Un regard lucide et exigeant sur nos référents est indispensable. Notre adhésion à nos valeurs n'en sera que plus saine et plus sereine.

En premier lieu, aucun lecteur sérieux, déconditionné des haines ancestrales ou des manipulations mentales, ne trouve dans le Coran la guerre justifiée comme un moyen autre que de défense, quand bien même les mots utilisés sont crûment suggestifs et brutaux. En effet, après que la jeune communauté musulmane de fraîche date eut à subir toutes les avanies et toutes les persécutions de la part des Mecquois :

> *Il a été autorisé à ceux qui sont attaqués de se défendre, parce que vraiment ils ont subi*

une injustice ; et Dieu est certes capable de les secourir. Et à ceux qui ont été chassés sans droit de leurs demeures, pour avoir dit seulement : « Notre Seigneur est Dieu ! » (Le pèlerinage 22, 39-40.)

La riposte ne doit jamais être disproportionnée :

Combattez dans le sentier de Dieu ceux qui vous combattent, et ne transgressez surtout pas. Certes, Dieu n'aime pas les transgresseurs ! (La génisse 2, 190.)

Et pour les exilés persécutés, le verset suivant :

Tuez-les où que vous les aurez accrochés ; expulsez-les d'où ils vous ont expulsés ! La persécution est pire que le meurtre. (La génisse 2, 191.)

Verset qui se poursuit en ordonnant qu'il n'y ait plus d'abus :

... et combattez-les jusqu'à ce qu'il n'y ait plus de persécution et que le culte soit rendu à Dieu. S'ils cessent, arrêtez la guerre ; plus d'abus de droit, sauf contre les injustes. (La génisse 2, 193.)

En insistant sur la bonté, l'équité et la piété, le Coran ajoute :

Ô vous qui avez cru, soyez droits – pour Dieu – et témoins de l'équité. Que le ressentiment contre un peuple ne vous incite jamais à être injustes : la pratique de la justice vous rapproche de la piété. Soyez donc pieux envers Dieu. Il est bien informé de ce que vous faites. (La table servie 5, 8.)

Il n'y a aucune raison de nourrir des intentions belliqueuses contre quiconque :

Dieu ne vous empêche pas d'être bons et équitables envers ceux qui, en religion, ne vous ont point combattus et ne vous ont pas chassés de vos demeures. Car Dieu aime les justes. (L'éprouvée 60, 8.)

Mais les pourfendeurs du Livre ont coutume de souligner la violence de trois autres versets en les extrayant, encore une fois, de leur contexte contingent. Nous les citons regroupés :

... À l'exception des infidèles avec lesquels vous avez conclu un pacte, puis ils ne vous ont manqué en rien, et n'ont soutenu personne contre vous. Respectez alors pleinement votre pacte avec eux jusqu'au terme convenu ! Dieu aime les pieux. (Le repentir 9, 4.)

Quand les mois sacrés seront expirés, tuez les infidèles où que vous les trouviez ! Prenez- les, assiégez-les et guettez-les dans les embuscades ! S'ils se repentent, s'ils font la prière et s'acquittent de l'aumône, alors laissez-leur le champ libre. Car Dieu aime à pardonner et Il est miséricordieux. (Le repentir 9, 5.)

Si l'un des infidèles te demande asile, accorde-le-lui, afin qu'il entende la parole de Dieu. Ensuite, fais-le parvenir à son lieu de sécurité !

Car ce sont des gens qui ne savent pas. (Le repentir 9, 6.)

En tout état de cause, il y a une exhortation à la paix et à la droiture dans toute situation où la légitime défense n'a pas à avoir lieu :

... Tant qu'ils sont droits envers vous, soyez droits. Car Dieu aime les pieux. (Le repentir 9, 6.)

S'ils s'inclinent devant la paix, incline-toi devant celle-ci. Place ta confiance en Dieu ; Il est l'Audient et l'Omniscient. (Le butin 8, 61.)

Ce sont des passages spécifiques, relatifs à des circonstances particulières de conflits, d'expéditions et de batailles. Nous n'avons aucune gêne à en parler dans la transparence et la clarté. Ils ne confèrent à la guerre aucune sacralité.

Quelques versets de la même veine se trouvent encore épars dans le Coran. Il ne s'agit pas de les occulter non plus. Ils font partie de la vulgate. À nous d'être vigilants pour qu'ils ne constituent pas le prétexte à une quelconque justification de la violence. Ils sont circonscrits dans le temps et dans l'espace. Cela doit être clairement affirmé par les imams du haut de leur chaire, notamment dans leurs prêches lors des grandes prières de rassemblement. Car notre devoir est de les éclipser par la pléthore des versets, infiniment plus nombreux, appelant au pardon et à la réconciliation.

De grâce, qu'on ne voie ni acrimonie ou cynisme dans les propos qui suivent. Mais qu'on se rappelle à quel point les textes bibliques traitant de la guerre sont nombreux, avec des détails épouvantables et des descriptions effrayantes. On y trouve aussi un grand nombre de descriptions minutieuses concernant la conscription, les lois sur l'assaut et le siège des villes, la stratégie et les tactiques... On comprend que les guerres sont décrétées par Dieu « viril personnage de guerre », « puissant dans la bataille » ; « Il se sert d'Israël pour exécuter les méchants ». Notre volonté de ne pas verser dans la polémique nous recommande de ne pas trop nous y attarder. Il est toujours facile d'exhiber des références et des écrits tronqués... Et s'il y a bien une parabole évangélique qui me séduit, c'est celle de la poutre et de la paille (voir Matthieu 7, 3-5).

Quel est le vrai sens de la *djihad* ?

Tout d'abord, une petite précision d'ordre lexical. Dès lors que le vocable *djihad* est francisé et prononcé par tous, nous devons lui rendre son genre. C'est un nom masculin singulier. Sa traduction en « guerre sainte » est inacceptable, comme nous l'avons déjà dit. Elle ne cesse de semer le doute et la confusion dans les esprits, et occasionne beaucoup de torts.

En fait, le terme *djihad* est un mot arabe qui dérive de la racine triconsonantique *J.H.D*, qui signifie dans son acception la plus neutre : « fournir un effort tendu vers un but » ou « consentir un effort vers un objectif déterminé ». Il s'agit de déployer un effort qui peut être physique, verbal ou financier. Que cet effort fût aussi militaire est une vérité incontournable. Mais il n'a été théorisé et enseigné davantage comme tel que pendant les croisades, bien qu'il continue à être pris exclusivement dans ce sens par les fanatiques. En tout cas, le *djihad* ne comprend absolument pas la notion de sacralité de la guerre.

En outre, la tradition prophétique distingue deux sortes de *djihad*, l'un mineur et l'autre majeur :

— le petit effort est celui qui couvre le champ de l'action quotidienne dans son sens le plus large : s'atteler résolument à une tâche, résister opiniâtrement à l'adversité, peiner pour survivre ou simplement travailler, bûcher, cultiver, entreprendre, guerroyer...

— le grand effort salvateur est celui qui préserve de céder au désespoir. C'est un effort continuel d'autodiscipline fondé sur une éthique de vie. C'est une maîtrise de soi permanente, une lutte intérieure incessante pour sonder les strates les plus archaïques de l'âme, atrophier l'ego, juguler les passions, réguler les pulsions. Toute la tradition soufie a mis en valeur le grand effort contre l'orgueil et l'infatuation. En somme, le *djihad* majeur est l'élévation spirituelle recherchée et entreprise en vue de se vouer totalement à Dieu :

> *Et quant à ceux qui accomplissent l'effort pour Nous, Nous les guiderons certes sur Nos sentiers. Dieu est en vérité avec ceux qui font le bien. (L'araignée 29, 69.)*
>
> *Et déployez pour Dieu tout l'effort qu'Il mérite ; c'est Lui qui vous a élus et ne vous a imposé aucune gêne dans la religion... (Le pèlerinage 22, 78.)*

Nous ne pouvons conclure cette réponse sans mentionner un autre effort louable : l'*ijtihad*. C'est l'effort intensif intellectuel, cérébral et mental. C'est aussi l'effort personnel du savant jusqu'à l'épuisement. L'affirmation du primat de la plume sur l'épée est une constante dans l'islam.

Pourquoi l'Islam génère-t-il tant d'intégristes ? D'où vient le fanatisme islamiste ?

Il est indéniable que nous, musulmans, souffrons de ce qu'on s'accorde à appeler l'intégrisme. Le G.I.A en Algérie, la *jamaat* en Egypte, Abu Sayyaf sur l'île de Jolo et les Taliban sont autant de verrues sur le visage de l'Islam. En outre, il est tapageur et ravageur, obscurantiste et barbare. Par leurs exactions, ces intégristes extrémistes se mettent au ban de l'humanité. Bien sûr que nous les réprouvons. Mais le discours imprécatoire ne règle rien. Nous devons les confondre afin de contrecarrer l'énorme escroquerie morale qui, par des artefacts fallacieux, rend canoniques les crimes les plus abominables. Nous devons nous attaquer aux fondements doctrinaux, aux soubassements idéologiques et à l'architectonique du fondamentalisme islamiste. Les manipulateurs doctrinaires n'ont pour base de réflexion qu'une assise inconsistante, captieuse et insidieuse. Ils vocifèrent contre le peuple, prétendant le libérer, alors qu'ils ne lui proposent qu'un modèle de société archaïque et rétrograde.

Mais, avant toute chose, rappelons que l'appellation « intégriste » n'est pas tout à fait appropriée aux musulmans. Elle l'est devenue bien plus tard, même si le parangon de l'intégriste contemporain est l'islamiste à la mine patibulaire, à la barbe hirsute et aux cheveux ébouriffés sous une calotte blanche. En réalité, le mot a été forgé à partir de l'adjectif « intégral ». Un parti politique espagnol, qualifié par ses fondateurs de « catholique intransigeant et intégral », vit le jour dans le sillage du *Syllabus*, ce catalogue des erreurs modernistes condamnées par l'Église en 1864, en annexe de l'encyclique *Quanta Cura*. On parla alors d'« intégralisme », mot qui par la suite fut corrompu en « intégrisme ». Ce mouvement a concerné l'Eglise durant une bonne partie du siècle écoulé.

Si l'intégrisme n'était qu'un simple retour aux fondements de la foi dans leur intégralité et une fidélité au témoignage premier dans son intégrité, il serait recevable. Mais cette notion devient viciée lorsque l'intégriste se croit seul dépositaire de la Vérité, seul détenteur de l'Absolu et que, de surcroît, il veut l'imposer à autrui par tous les moyens interdits. Si l'autre est suffisamment intelligent, il n'a aucune raison d'être réfractaire à la « vérité », on le passe alors au fil de l'épée. Si on le considère sot, on est là pour faire son bonheur – malgré lui.

L'islam n'a commencé à être travaillé par de forts courants fondamentalistes que depuis trois ou quatre décennies. Le mouvement est allé *crescendo* jusqu'à connaître actuellement ses convulsions les plus paroxystiques. Mais ces courants sont des « accidents » au sens philosophique du terme. Ils ne sont pas inhérents à la spiritualité islamique. Des facteurs endogènes et d'autres exogènes les alimentent et expliquent l'« islamisme ». On dit souvent que le « isme » étouffe la racine...

Les raisons internes sont multiples. Nous pouvons en citer certaines, uniquement comme lignes directrices.

— Après l'apogée civilisationnel, il y eut

stagnation, décadence, colonisabilité – néologisme qui indique la prédisposition des peuples à subir la colonisation. Celle établie dans les pays d'Islam fut très dure et plongea les populations dans une profonde léthargie. Leurs richesses furent spoliées et leur patrimoine spirituel altéré par un maraboutisme aliénant.

— De ce fait, la religion, seule référence identitaire et morale, se trouva en déphasage patent par rapport à l'évolution du monde. Elle devint un salmigondis de dévotion, de péché et de superstition.

— Les tentatives de réformes ont eu le souffle court. L'élan n'a pas porté aussi loin que l'espéraient par exemple les pères de la *Nahda,* ce renouveau entrepris à la charnière des XIXe et XXe siècles.

— La décolonisation a laissé de profondes séquelles, dans la mesure où l'absence de cadres ayant une culture moderne de l'Etat a été préjudiciable.

— La transition à la période postcoloniale a été totalement ratée. La faillite des systèmes de gouvernement due à la gabegie et à la corruption de dirigeants concussionnaires et prévaricateurs a eu pour conséquence que l'opulence côtoie la misère.

— Comme il n'existait pas d'espaces démocratiques pour canaliser la contestation et sortir du marasme, les mosquées, havres de paix et de recueillement, sont devenues des lieux d'agitation politique, puis des repaires pour terroristes.

— Une idéologisation de la religion s'est produite pour accaparer le pouvoir ou s'y maintenir, avec un rapport au texte fixiste et fossilisant qui se prévaut des passages évoquant les opprimés de la Terre entière.

— Le naufrage de l'école et des systèmes éducatifs a été un désastre pour la jeunesse. Celle-ci, à la recherche d'un idéal, est devenue une proie facile pour les doctrinaires démagogues.

D'autres raisons peuvent sûrement être invoquées. La prise de conscience des intellectuels dans le monde islamique met l'accent avec plus de détails sur les causes nourricières de la bête immonde, véritable hydre de Lerne.

Quant aux facteurs extrinsèques, ils concourent à consolider l'intégrisme. Voici ceux qui sont le plus souvent avancés ou exploités.

— Les rapports internationaux sont initiés et conduits par un directoire qui se veut chantre de la démocratie et des droits de l'homme, mais ne connaît que la logique du droit de veto.

— Le scandale de la famine dans le monde apparaît de plus en plus intolérable. En effet, des millions d'êtres humains affectés d'étisie et frappés d'aphasie, au ventre ballonné et à l'âme écrasée, quémandant de quoi subsister, agonisent au su et au vu de ceux qui font joyeuses bombance et ripaille, ceux-là mêmes qui vendent à leurs chefs de guerre les armes nécessaires pour que ceux qui ne crèvent pas de faim périssent par les balles. Sans parler des tonnes de produits alimentaires et laitiers qui sont jetés à la mer ou déversés dans les rivières afin de stabiliser leur cours en bourse !

— Le soutien à des régimes autocratiques illégitimes s'effectue tout en fermant les yeux devant les violations flagrantes des droits les plus élémentaires de l'homme. Alors qu'on vitupère la Chine pour les mêmes raisons...

— L'indignation sélective des intellectuels occidentaux. Ils manifestèrent contre la dictature en Argentine, fustigèrent la Grèce des colonels, s'impliquèrent dans le conflit de Bosnie, aident les Albanais du Kosovo, veulent juger Pinochet, s'émeuvent peu ou prou du sort des Tchétchènes, s'ingèrent dans les questions algériennes. Mais ils ne disent rien ou presque sur le peuple irakien et sont totalement passifs et aphones devant le drame des Palestiniens, considéré comme la consécration de l'injustice.

Le fanatisme islamiste provient certes d'une pensée islamique malade qu'il faut guérir par une médication appropriée. Plus qu'une sédation, c'est un traitement étiologique qui est requis. Mais la convalescence est déterminée aussi par l'environnement extérieur.

Rapporter le fanatisme des musulmans à leur culture est une grande erreur d'appréciation. C'est oublier l'altruisme et la philanthropie qui leur sont propres. Qu'il s'agisse des Touareg dans le Sahara ou des nomades du désert anatolien, ou encore des bédouins de Jordanie, ils allument le feu le soir pour que « l'enfant de la route », le voyageur étranger égaré puisse être guidé dans la nuit. Il trouvera nourriture, gîte et refuge. Le bédouin le fait pour l'amour de Dieu et par amour des hommes. L'islam doux et paisible des Africains subsahariens a toujours enseigné une grande sagesse. Le peuple afghan a toujours été ouvert, la bonhomie des Egyptiens est exemplaire, et la générosité des Algériens légendaire. Le greffon intégriste, en dépit de ses ravages, n'y a pas pris et ne prendra jamais.

L'*umma*, l'assemblée des musulmans, est par définition une communauté du juste milieu éloignée des extrêmes :

> *Ainsi, Nous avons fait de vous une communauté éloignée des extrêmes... (La génisse 2, 143.)*

Rappelons que, sur la multitude de musulmans dans le monde, ceux qui sont fanatisés – quand bien même leur nombre serait important – ne représentent qu'une infime minorité.

Les problèmes des musulmans sont politiques, drapés dans du religieux. En quoi l'islam est-il impliqué lorsqu'on continue à se faire élire à 99,8 % ? Quelle relation y a-t-il entre l'islam et l'amendement d'une Constitution afin de permettre grâce à cet artifice une monarchie *de facto* ? Comment peut-on incriminer l'islam lorsque le tiers des membres d'une chambre haute du Parlement est désigné ? Est-ce l'islam qui est responsable du délire du guide de la révolution ? Et que dire de la schizophrénie des monarchies du Golfe ? Ces monarques savent très bien qu'en démocratie, lorsqu'on se coupe du peuple on ne perd que les élections. Tandis qu'eux, indifférents au sort du peuple, ils risquent de perdre la tête.

L'islam a-t-il un équivalent du pape ? Qui a autorité dans l'islam ?

Non, l'islam n'a pas l'équivalent du pape dans l'Eglise catholique, car l'organisation de la religion islamique n'est pas fondée sur un clergé bien établi. Elle n'admet aucune structure cléricale hiérarchisée. Cette absence d'une autorité centrale est source à la fois d'un bonheur incommensurable et de problèmes inextricables.

Elle est source de liberté en ce que l'engagement de foi est personnel et *ex abrupto*. La relation entre l'homme et son Seigneur est directe. Le lien créature-créateur est vertical et transcendant, il ne requiert aucune entremise. Aucun intercesseur ni aucun médiateur n'est habilité à jouer les directeurs de conscience. Chaque musulman est *in fine* son propre évêque. « Dieu Seul sonde les cœurs. » Cette liberté fondamentale de croyance est le bien le plus précieux auxquels sont attachés tous les musulmans, notamment ceux de l'obédience sunnite.

Elle est à l'origine de bien des problèmes en ce que l'inexistence d'une structure cléricale est une incurie organique. Elle induit une grande carence qu'il faudra savoir pallier. L'anarchie avec laquelle certains imams s'autoproclament est dangereusement inquiétante et conduit aux situations les plus extrêmes. Pour peu que les prétendus Savonarole des temps modernes « hurlent » plus fort que les *ulema*, galvanisant les foules, haranguant le peuple, fustigeant le pouvoir, spéculant sur la misère et capitalisant la frustration, ils se trouvent propulsés « guides spirituels » ! N'oublions pas que Oussama Ben Laden n'est en aucun cas une autorité religieuse ou morale. C'est un affairiste qui s'est reconverti en terroriste mystico-révolutionnaire.

En théorie, l'autorité dans l'islam est dévolue à « ceux qui savent lier et délier », selon la formule consacrée, ou encore aux « gens du Rappel », selon une autre formule. Ce sont les érudits, les docteurs et les exégètes versés dans les sciences religieuses et positives ainsi que leurs héritiers et continuateurs, en vertu de deux versets quasi identiques :

> *Nous n'avons envoyé, avant toi, que des hommes auxquels Nous avons fait des révélations. Demandez donc aux gens du Rappel si vous ne savez pas. (Les abeilles 16, 43.)*

> *Nous n'avons envoyé avant toi que des hommes à qui Nous faisions des révélations. Demandez donc aux gens du Rappel si vous ne savez pas. (Les prophètes 21, 7.)*

Qu'est-ce qu'une *fatwa*, et qui a le droit d'en lancer ? Si une *fatwa* a été lancée, pourquoi n'est-elle pas suivie par tous les musulmans ?

Une *fatwa* est un avis religieux, une décision canonique donnés par un jurisconsulte. Elle décrit toute une gamme de réponses à des situations où la conformité à la norme coranique est recherchée. C'est le *mufti,* théologien-jurisconsulte, qui est habilité à décréter des *fatawa*, pluriel de *fatwa*. Ce mot ne signifie surtout pas « condamnation à mort », et c'est une erreur de lui attribuer ce sens ainsi que tout le monde le fait depuis le fameux appel au meurtre de Khomeiny lancé en 1989 contre Salman Rushdie, l'auteur des *Versets sataniques*.

À ce titre, nous devons reconnaître, nous musulmans, que la sinistre *fatwa* de Khomeiny nous a causé beaucoup plus de torts que cette fiction littéraire, si blasphématoire soit-elle. Au temps de l'âge d'or de l'Islam, certains auteurs composaient des ouvrages « pires » que celui de Rushdie. Ils n'étaient jamais inquiétés...

La *fatwa* n'engage que celui qui a été séduit et convaincu par elle. Cela montre d'une façon éclatante la souplesse et la malléabilité de l'islam. Le *mufti* ne peut exercer aucune coercition ; n'étant pas un directeur de conscience, il émet simplement un avis bien étayé sur des arguments juridiques et théologiques. Mais les musulmans ne sont pas tous sensibles à la subtilité et à la finesse de ses arguments, surtout lorsqu'il s'agit d'une situation inédite. Il est bien dit que « dans la divergence des savants il y a une miséricorde. » Ainsi, chacun peut puiser dans l'éventail des réponses possibles ce qui lui convient le mieux.

Le statut de martyr pour les « kamikazes » se trouve-t-il dans le Coran ?

Non, il est indéniable qu'il s'agit de suicide, et d'autant plus condamnable qu'il ôte la vie à des innocents. Nous l'avons rappelé avec force précédemment. Il n'y a rien qui puisse être invoqué pour rallonger le martyrologe des musulmans. *A contrario*, un aphorisme bien connu du Prophète illustre bien que :

L'encre du savant est meilleure auprès de Dieu que le sang du martyr.

L'acquisition du savoir, l'étude et la recherche, la quête de la connaissance sont infiniment plus impérieuses que l'effusion de sang. En réalité, ce sont l'endoctrinement, le nihilisme, le désarroi profond, une vision destructrice du monde, une anticipation de l'apocalypse, le mépris de la vie, la folie meurtrière qui peuvent être autant de causes pour ces gestes extrêmes irrationnels.

Y a-t-il des martyrs ou des saints dans l'Islam ?

Le « martyr » est « témoin », selon les étymologies grecque aussi bien qu'arabe. Affirmer son attachement à sa foi, à sa patrie, à sa famille ou même à ses biens jusqu'à donner sa vie pour rançon est une situation qu'il faut savoir conjurer. On doit tout faire pour l'éviter ; à plus forte raison, on ne doit pas la susciter. Mais si elle se présente, il faut savoir témoigner de l'invincible espérance.

Hormis la grande figure de Jésus qui scelle la sainteté, celle-ci n'est « accordée » que d'une façon parcimonieuse au commun des mortels. On parle davantage des hommes de bien, des gens vertueux ou des amis de Dieu, que de saints auxquels il faut vouer un culte.

Le mode de vie « extrême » le plus souvent

suivi par les musulmans lassés des vanités du siècle est le détachement des biens de ce monde. Le décorum et la pompe finissent par peser car ils font écran entre l'aspiration de l'âme à s'unir à sa source première et celle-ci, la réalité divine. Alors, mendiants d'amour, certains vivent dans la perpétuelle brûlure de ce manque. Privilégiant l'ascèse, voulant goûter aux saveurs de l'anachorèse, ils se retirent dans la solitude pour méditer et contempler les splendeurs de la Création :

> *Nous leur montrerons nos signes dans les horizons et en eux-mêmes afin qu'il leur apparaisse que ceci est la vérité. (Les versets détaillés 41,53.)*

Ils aspirent à la quiétude, à l'ataraxie, à la *sakîna*, cette paix divine dans le cœur, organe de perception par excellence :

> *C'est Lui qui fait descendre la quiétude dans les cœurs des croyants afin qu'ils acquièrent une nouvelle foi par-dessus leur foi. (La victoire 48, 4.)*

Leur prière est universelle, à l'exemple du soufi qui implore :

> *Mon Dieu, dilate mon cœur pour qu'il accueille toutes Tes créatures, sinon pulvérise-le, afin qu'ainsi atomisé, chacune pourra recevoir une part.*

Ou celui d'Ibn Arabi (1165-1241), lorsqu'il déclare dans « La Sagesse des prophètes » :

Mon cœur est devenu capable de toutes les forces : il est pâturage pour les gazelles, couvent pour les moines, temple pour les idoles, Kaaba pour le pèlerin. Il est les tables Torah et le Livre du Coran.
Je professe la religion de l'amour où que se dirigent ses montures. Car l'amour est ma religion et ma foi.

Et Rabi'a de conclure en s'adressant à Dieu :

Je T'aime de deux amours,
Un amour vraiment digne de Toi
Et un amour visant mon bonheur.
Quant à l'amour de la passion,
C'est que je m'occupe à ne penser qu'à Toi.
Quant à l'amour digne de Toi,
C'est que Tes voiles tombent et que je Te voie,
Ni en l'un ni en l'autre nulle gloire pour moi,
Mais louanges à Toi, pour celui-ci et pour celui-là.

Qu'enseigne-t-on dans les écoles coraniques ?

On n'y enseigne rien d'autre que la récitation du Coran, à des enfants qui doivent par la suite savoir le restituer par cœur sans en comprendre le sens. C'est le livre par excellence grâce auquel les jeunes esprits s'initient à la perfection de la langue arabe dans toute sa pureté et s'éveillent à l'univers religieux. Mais un vieil adage arabe met en garde :

Celui qui boucle le Coran scelle par là même son ignorance.

Cela sous-entend qu'il faut se doter par la suite de tout un outillage intellectuel afin de prétendre approcher le texte coranique et le pénétrer. Cet arsenal consiste en une maîtrise parfaite de la langue par la grammaire, la philologie, la lexicographie et la sémiotique. L'herméneutique, l'anagogie, l'historiographie et l'exégèse viennent compléter cette batterie de disciplines.

Ce sont les grandes chaires des universités prestigieuses qui, finalement, doivent dispenser le savoir, dans la liberté et l'indépendance d'esprit. Leurs recteurs et doyens doivent s'affranchir de l'ombre tutélaire du Palais, qu'il soit royal ou présidentiel.

La communauté musulmane en France peut-elle devenir fanatique ?

La ligne de fracture entre le fanatisme et l'ouverture passe par le cœur de l'homme, quelle que soit sa nationalité et son appartenance religieuse. « Rien n'égale la puissance de surdité volontaire des fanatismes », affirmait déjà Victor Hugo. Est fanatique celui qui le veut, en somme, et ne l'est pas celui qui le veut aussi.

Il n'y a rien qui puisse étayer la thèse d'une quelconque prédisposition à l'intolérance et à l'extrémisme chez les musulmans, ni en France ni dans le monde. Les musulmans français, dans leur écrasante majorité, n'aspirent qu'à vivre simplement en paix dans le respect des lois républicaines. Stoïques, mais non fatalistes, ils pâtissent d'un lynchage médiatique incessant de la part d'une certaine presse et d'une importante frange de l'opinion. Le climat de psychose ne favorise pas la sérénité. Bien au contraire, il exacerbe les tensions. Les musulmans, citoyens et hôtes de ce pays, accusent le coup dans le calme et la dignité. Cette attitude responsable de maîtrise et de retenue dénote une maturité réelle, d'autant plus que leur tissu social n'est pas harmonisé.

En effet, les musulmans de France ne constituent pas une communauté homogène, si tant est qu'il soit approprié de parler de communauté dans une République. En tout état de cause, cette communauté composite, plurielle est caractérisée sur le plan social par son appartenance à deux pôles totalement disjoints.

On trouve, d'une part, une entité minoritaire, composée de musulmans de souche arabe pour la plupart, avec le même accent rocailleux qui les caractérise. Ceux-ci ne sont jamais soupçonnés de fanatisme. Mieux encore, avec une obséquiosité servile, quand ce n'est pas une duplicité hypocrite, on leur fait des courbettes, car ils sauvent le marché des *yearlings* à Deauville ou celui des pouliches à Longchamp. Les maisons de haute couture réservent des défilés privés à leurs épouses ou leurs concubines. Ils soutiennent l'emploi dans les palaces parisiens, qu'ils soient propriétaires ou clients consommateurs. Le gotha se bouscule dans leurs manoirs et la *jet-set* sur leurs yachts...

L'autre entité musulmane, majoritaire celle-là, est constituée d'hommes et de femmes prolétarisés, marginalisés, défavorisés, déscolarisés, ostracisés, méprisés... Mais surtout désislamisés. Après qu'on a importé de l'*homo economicus* des cimes des montagnes de l'Atlas et du Djurdjura, voilà que ce celui-ci produit de l'*homo islamicus* à problèmes. On assiste à une réislamisation de néophytes qui trouvent dans la religion un recentrage et un équilibre identitaires.

Cependant, ce retour au religieux n'est pas sans comporter des risques. Tant que les « jeunes en mal de vivre » évolueront dans un univers hideux, hostile, où seule la *charia*[1] de la jungle prévaut, ils ne pourront qu'être réceptifs au discours islamiste. Ils sont d'autant plus sensibles aux sirènes « intégristes » qu'ils pensent porter en eux les stigmates du rejet, de l'exclusion et de la discrimination à l'emploi, au logement et aux loisirs. Lorsqu'ils demandent des carrés spécifiques dans les cimetières pour y être inhumés, on leur oppose le concept d'intégration, alors que de

1. La loi, en arabe.

leur vivant ils sont relégués dans des cités-dortoirs. De plus, tant que les musulmans continueront à pratiquer leur culte dans des lieux insalubres et indignes, comme les caves et les hangars, ils seront la proie du crypto-islamisme rampant dans les banlieues des grandes villes françaises. Des imams autoproclamés et non formés prennent en charge ces jeunes à l'horizon opaque, ils nourrissent leur ressentiment à la seule évocation de leur lieu de prière. D'ailleurs, Dieu seul sait si l'on y prie ou si l'on n'est pas plutôt en train de former des Khaled Kelkal. Ne dit-on pas que les mouvements subversifs sortent des catacombes ?

C'est l'islam authentique, éclairé et « soluble » dans la laïcité qui demeure l'antidote à tout fanatisme. Seule la formation d'un corps d'imams sérieux, instruits et cultivés, à l'esprit gallican, peut nous prémunir du fanatisme que nous redoutons tant.

5

Société, relations avec les autres religions

Pourquoi les Etats-Unis sont-ils le grand Satan pour certains musulmans, et l'Islam le Mal pour les Etats-Unis ?

Nous sommes arrivés aujourd'hui à cette situation de conflagration à la suite des incohérences, pour ne pas dire du cynisme, du laxisme, de l'arrogance et de la partialité de l'administration américaine dans la conduite des affaires du monde et dans sa gestion des rapports internationaux. La plupart des musulmans, sans diaboliser les Etats-Unis et tout en gardant leur amitié au peuple américain, s'interrogent avec dépit sur les contradictions de leurs dirigeants. Ils ne voient qu'un grand désordre dans le nouvel ordre mondial promis par George Bush senior. Ils ne comprennent pas pourquoi, par exemple, des résolutions de l'ONU dorment depuis trente-quatre ans dans les tiroirs, alors que d'autres, bien postérieures, ont été appliquées dans un déluge de feu et de fer. La partialité systématique et le soutien inconditionnel à la politique des gouvernements israéliens sont iniques. Les ripostes disproportionnées, les civils massacrés, les maisons pulvérisées, les oliviers arrachés n'émeuvent en rien ceux qui ne cessent de pérorer sur le droit et la justice. Au moment où Saddam Hussein se porte à merveille, des centaines de milliers d'enfants irakiens se consument lentement et meurent faute de médicaments et de soins, à cause d'un embargo injustifié. Et nous pouvons multiplier les exemples.

Quant au mal qu'incarnerait l'Islam aux yeux des Etats-Unis, c'est une question qu'il faudrait poser à George W. Bush. Il déclare ouverte « la lutte cosmique du bien contre le mal », il invoque une « justice sans limites » pour une « liberté immuable », alors même que son administration n'a jamais cessé de flirter avec la monarchie saoudienne, laquelle a longtemps financé l'islamisme politique radical. Cette monarchie n'a jamais brillé par son respect des droits de l'homme, notamment en matière de liberté de conscience et de pratique religieuse. La dignité de la femme y est bafouée et des jeunes gens y sont fouettés. Elle a exporté la doctrine wahabite, une des plus rigoristes qui soient dans l'éventail des courants de pensée au sein de l'Islam. Enfin, elle reconnaissait et soutenait jusqu'à une date très récente – post-attentats – le régime moyenâgeux, obscurantiste et barbare des Taliban.

Nous ne comprenons pas du tout pourquoi, tandis que nous nous égosillions contre les exactions atroces commises envers le peuple algérien par les terroristes du G.I.A., monsieur Anouar Haddam, porte-parole du F.I.S., trouvait un sanctuaire à Washington. Il y plastronnait en ralliant publiquement la sinistre organisation criminelle, alors même qu'elle perpétrait ses lâches attentats terroristes. C'est depuis la capitale américaine qu'il les revendiquait et les justifiait !

Quelles sont les relations entre le politique et le religieux dans l'Islam ?

Un poncif tout aussi tenace que celui relatif à la sanctification de la guerre ou que le préjugé concernant le « fatalisme » mahométan, par exemple, est la prétendue collusion du spirituel et du temporel dans l'Islam. Une telle liaison absolue du politique et du religieux ne se trouve que dans les esprits de ceux qui veulent y tenir *mordicus*.

Le spirituel et le temporel sont comme l'avers et le revers d'une même effigie, on peut parler d'une distinction sans séparation, tout comme, d'ailleurs, dans les autres religions révélées. Certes, il n'y a pas l'équivalent du denier de César dans l'écrit coranique, mais, pour autant, il ne faut pas nécessairement réduire le politique et la religion l'un à l'autre, quand bien même de pseudo-penseurs musulmans conservateurs soutiendraient que même César appartient à Dieu. Aucun verset ni *hadith* ne s'occupe d'organiser le pouvoir politique, de spécifier la manière de gouverner ou d'attribuer une quelconque dévolution aux hiérarques religieux afin de gérer les affaires de la cité. Le terme arabe *yahkum* est compris à tort et traduit avec une mauvaise foi manifeste dans le sens de « gouverner », alors qu'il ne signifie rien d'autre que « juger » ou « arbitrer ».

Aucune religion au monde n'a renoncé au pouvoir temporel *motus proprio*, pas même le christianisme. Lorsque, au XVIIe siècle, l'aigle de Meaux, Bossuet, ou le cygne de Cambrai, Fénelon, théorisaient l'absolutisme et la monarchie de droit divin, ils n'invoquaient pas le denier de César. Au contraire, les prédicateurs Bourdaloue, Massillon et, plus tard, au XIXe siècle, Monseigneur Dupanloup admiraient la finesse et le sens politique de Jésus parce qu'il sut sortir du piège qui lui était tendu. Il ne voulut pas passer pour un collaborateur de l'occupant en acceptant de s'acquitter de l'impôt, ni passer pour un élément subversif en refusant de le payer...

Aucune religion au monde ne résiste à une laïcisation voulue par le pouvoir politique, pas même l'islam. L'expérience de laïcisation de la Turquie par Mustapha Kemal Atatürk le montre bien. En outre, si un seul mode de gouvernement était stipulé par la doctrine monolithique islamique, pourquoi assistons-nous alors, dans le seul monde arabe, à toute une gamme de régimes et de gouvernements antinomiques mais se réclamant tous de l'islam !

De deux choses l'une : soit la doctrine politique de l'islam est si malléable qu'elle englobe les contraires — auquel cas, il se pourrait que ce fût une qualité ; soit l'islam est tout à fait innocent, Dieu « déléguant » aux hommes la gestion de leurs affaires lors de leur passage ici-bas. C'est cette seconde branche de l'alternative qui est proposée dans le Coran :

> *Et leurs affaires sont objet de consultations entre eux. (La concertation, 42, 38.)*

Le salut des pays musulmans passe par la rupture du cordon ombilical entre les corps politique et religieux. De toute façon, chaque fois qu'il y a confusion, elle profite toujours au premier, jamais au second. C'est ainsi que la tyrannie s'abat sur les hommes, et de surcroît au nom de Dieu. C'est un totalitarisme absolu.

Lorsque des pouvoirs en place assoient leur autorité en domestiquant la religion, l'opposition s'empare de cette même religion pour l'idéologiser et prendre le pouvoir. Quel sens peut encore avoir le sermon de la prière du vendredi quand il est adressé, telle une circulaire, par le ministre des Affaires religieuses à ses imams fonctionnaires ?

L'islam est-il compatible avec un Etat laïc ? avec la liberté de religion ?

Au vu de ce qui précède, j'ose affirmer que, des trois religions révélées, celle qui s'adapte(rait) – le conditionnel est pour ceux qui sont encore réfractaires à cette assertion – le mieux à un espace laïc est (serait) l'islam. En effet, le terme « laïc » vient du grec *laos* – puis *laïkos* –, qui est l'une des trois dénominations du mot « peuple », à côté de *demos* et de *ethnos*. Dans son acception *laos*, le bas-peuple est opposé aux clercs. Or, en islam, il n'y en a pas. Pas de structure cléricale, pas de caste sacerdotale, pas d'ordre monacal. Il n'y a ni sacerdoce, ni vie sacramentelle. L'imamat n'est pas une ordination et le *mufti* n'est point consacré. La religion islamique est on ne peut plus laïque, aux sens étymologique et théologique.

Quant au second point, ce n'est pas parce que les Taliban et les criminels du G.I.A., frappés de cécité, imposent par la terreur leur compréhension pervertie de la religion, ou parce que dans certains pays l'intolérance religieuse sévit, qu'il faut décréter l'incompatibilité irréductible de l'islam avec la liberté de conscience. Non seulement le Coran mentionne la liberté de religion, mais il lui donne force de loi :

> *Nulle contrainte en la religion. (La génisse 2, 256.)*

Car le Coran explique, dans la suite du verset, que la voie droite se distingue clairement de l'erreur. Comment peut-on s'imaginer un instant pouvoir contraindre par la menace ou par la coercition, ou imposer par la terreur ou même la persuasion, ce qui, en principe, est une adhésion intime et personnelle dans un acte totalement libre :

> *... La vérité est de votre Seigneur : croit qui veut et ne croit pas qui veut... (La caverne 18, 29.)*

Et le Coran de rappeler cette évidence :

> *Si ton Seigneur l'avait voulu, tous ceux qui sont sur la Terre auraient cru. Est-ce à toi de contraindre les gens à devenir croyants ? (Jonas 10, 99.)*

Un verset qui fait écho à celui-ci :

> *Des appels à la clairvoyance vous sont parvenus de la part de votre Seigneur. Quiconque est clairvoyant l'est pour lui-même. Celui qui est aveugle l'est contre soi-même. Quant à moi, je n'ai sur vous aucune tutelle. (Le bétail 6, 104.)*

Et dans le même ordre d'idées, nous lisons, deux versets plus loin :

> *Si Dieu voulait, ils ne seraient point des idolâtres ! Mais Nous ne t'avons pas désigné comme leur tuteur et tu n'es point leur curateur. (Le bétail 6, 107.)*

Nombreux sont les versets coraniques qui

abondent dans le sens de la liberté de conscience. Nous pouvons encore citer :

> *Rappelle, tu n'es là que pour rappeler, rien d'autre. Tu n'as sur eux aucune autorité despotique. (L'enveloppante 88, 21 et 22.)*

Nous pouvons également évoquer la manière de se conduire avec autrui, et comment témoigner de sa foi :

> *Invite au sentier de Ton Seigneur par la sagesse et la belle parole. Et ne discute que de la manière la plus douce. (L'abeille 16, 125.)*

Sinon, on s'en tient, dans le respect, à :

> *À vous, votre religion. À moi, ma religion. (Les incrédules 109, 6.)*

Un point de la plus haute importance est toujours mis en avant, celui de la peine capitale encourue par l'apostat. Cette condamnation n'a aucun fondement coranique, c'est une survivance de la Loi mosaïque, toujours reconnue et intégrée dans le corpus juridique selon la formule classique : « fidélité à la Loi de ceux qui nous précèdent ». Celle-ci condamne sans appel toute forme d'apostasie (Exode 20, 3-6). La peine capitale fut appliquée pour la première fois par le calife Abû Bakr, lors des guerres de sédition qui éclatèrent au début de son califat, en 633. Le calife l'aurait justifiée par une sentence attribuée au Prophète. Elle serait apocryphe, mais, quand bien même elle serait authentique, elle n'a pas a être appliquée, et ce pour trois raisons : la primauté du texte coranique et sa priorité sur le *hadith*, en cas d'opposition ; sa non-exécution par des *cadis* andalous, arguant du fait que l'apostat doit avoir toute sa vie pour « se repentir » ; le progrès enregistré dans la compréhension des droits fondamentaux de l'être humain : personne n'est comptable envers qui que ce soit de ses actions et de sa conscience. Le pire des méfaits est le crime de lèse-conscience.

Les exécutions par pendaison des apostats en Iran, ou de toute autre manière ailleurs, sont une violation grave des principes inaliénables de dignité et de liberté. Elles sont contraires à l'islam et à l'idée que nous nous faisons du progrès et de la civilisation.

Quelles relations les musulmans entretiennent-ils avec les juifs et les chrétiens ?

Dans la phraséologie coranique, les juifs et les chrétiens sont désignés comme étant les « gens du Livre ». Ils ont plus que droit de cité. De nombreux versets leur sont consacrés. Citons celui qui établit la fraternité entre tous les croyants par-delà leur appartenance confessionnelle :

> *Les Croyants ne sont que des frères. Établissez la concorde entre vous, vos frères, et soyez*

pieux envers Dieu afin qu'Il vous fasse miséricorde. (Les appartements 49, 10.)

Les chrétiens sincères étaient respectés et admirés, à la lumière de ces deux versets qui se suivent :

... Tu trouveras certes que ceux qui sont proches des croyants par l'amitié sont ceux qui disent : « Nous sommes chrétiens ». C'est qu'il y a parmi eux des prêtres et des moines qui ne s'enflent pas d'orgueil. Et quand ils entendent ce qui a été descendu sur le Messager, tu vois leurs yeux s'inonder de larmes. À cause de ce qu'ils savent de vérité. Ils disent : « Ô Seigneur, nous croyons ! Inscris-nous donc parmi les témoins. (La Table servie 5, 82-83.)

Les croyants à l'âme droite et probe, et avec eux les juifs bons et pieux, n'auront rien à craindre et ne désespéreront jamais de la miséricorde de Dieu :

Ceux qui ont cru, ceux qui se judaïsent, les Sabéens et les Nazaréens, ceux qui croient au jour du Jugement dernier et accomplissent les bonnes œuvres. Ils n'éprouveront nulle crainte ni tristesse. (La table servie 5, 69.)

Le statut de la « dhimitude [1] », tant décrié, non sans raison, de nos jours, fut – sans apologie aucune – le meilleur système qu'on pra-

1. Il s'agissait d'une « protection dans un pacte d'honneur ». Les juifs et les chrétiens qui vivaient en terre d'islam devaient s'acquitter d'un tribut dit « de capitation ».

tiquât sous quelque climat religieux que ce fût pendant plusieurs siècles. On commettrait une grave erreur d'appréciation et d'analyse et un anachronisme si l'on considérait cette période en regard des avancées somme toute récentes dans les domaines du droit de cité et de la liberté religieuse. À cet égard, les témoignages des intellectuels juifs, notamment séfarades, peuvent être résumés dans cette phrase : « À travers l'histoire, les juifs étaient bien traités dans le monde de l'Islam, sauf exception, et mal traités dans le monde de la chrétienté, sauf exception ». Bien sûr, les approches historiques sont subjectives et doivent être relativisées. Elles sont mielleuses ou fielleuses, selon... Notre but n'est pas de les embellir ni les travestir.

Les hommes reviennent au bon sens après avoir tout essayé, cette notion étant entendue dans son acception de modération, de mesure et de sagesse, sans dogmatisme ni radicalisme. Et nous faisons plus que crédit aux juifs, aux chrétiens et aux musulmans d'en être pleinement capables, en ces moments incertains, pour peu qu'ils aient l'intelligence de se hisser à la hauteur des commandements moraux et des préceptes nobles que recèlent à profusion leurs références scripturaires. Ce n'est que conformité à la Torah et à l'Evangile, que le Coran reconnaît et prolonge. Le projet divin sur les hommes est caractérisé par le pluralisme des peuples et des communautés, lequel pluralisme est fondé sur l'amour, seul principe émancipateur et unificateur des êtres. D'ailleurs :

> *... Si Dieu l'avait voulu, Il aurait fait de vous une seule communauté. Mais Il a voulu vous éprouver par le don qu'Il vous a fait. Cherchez à vous surpasser les uns les autres dans les bonnes actions. Un jour vous retournerez à Dieu, alors Il vous éclairera au sujet de vos différences. (La Table servie 5, 48.)*

Nous qui professons l'omnipotence divine et attestons sa grande sagesse, nous réalisons à la lumière de ce verset que Dieu aurait pu nous cloner et nous uniformiser. Mais Il ne l'a pas fait. Est-ce parce que cela échappe à sa toute-puissance ? Ou est-ce à dessein ?

Nous sommes enclins à penser que la diversité des hommes participe d'un plan divin préétabli. Sauf qu'elle est ambivalente pour les hommes. Elle est à la fois un don et une épreuve. Elle sera une rude épreuve si les uns et les autres donnent libre cours à l'arrogance, à la cupidité et à l'envie. Elle sera une bénédiction si les hommes ouvrent leurs cœurs afin d'offrir et de recevoir, et s'ils savent se découvrir pour accueillir l'autre, au-delà de la simple tolérance qui peut trahir une attitude hautaine et snobinarde à l'égard du toléré. On ne tolère pas l'autre : on l'aime et on le respecte. Ce n'est qu'ainsi que les hommes constitueront la mosaïque humaine des cultures et des traditions dans laquelle les juifs, les chrétiens et les musulmans, telles les facettes d'un grand kaléidoscope, ont à refléter par leur comportement la lumière de la sagesse divine. Est-il nécessaire de rappeler encore que tous se réclament explicitement de l'héritage de l'illustre patriarche Abraham ? Coryphée des scripturaires et parangon du croyant sincère, il consentit à offrir son fils en holocauste à Dieu par fidélité, par docilité dans la confiance, par obéissance à une foi inébranlable, par acte d'islam tout simplement. Et si les croyants devaient rivaliser pour libérer l'énergie latente en eux, ils pourraient la canaliser dans une saine émulation afin d'alléger le fardeau qui accable le dos de l'homme. Ils concourront à diminuer sa souffrance en manifestant une sollicitude soutenue et affectueuse.

Malheureusement, la lecture du passé récent des traditions juive, chrétienne et islamique, dans leurs rapports qui impriment leur destinée commune, est malaisée et tumultueuse. Des réalités contingentes – épineuses et sérieuses – ont pollué et tétanisé les esprits, au point que, recroquevillés dans le cocon communautaire hermétique, les uns et les autres ont cédé à la confrontation et aux conflits ouverts. Pire encore, les patrimoines spirituels ont été aliénés et idéologisés. Les conséquences de ces actes sont tragiques et désolantes. Elles ont conduit à des situations d'impasse. Dès lors, comment sortir des pièges tendus par les fanatismes et les exclusivismes ? Comment, devant l'urgence de l'œuvre à construire, en ces jours écartelés qui se dérobent avec leurs lots de malheur et de terreur, peut-on endiguer la violence et circonscrire la guerre ? Comment, devant l'attente lancinante d'un minimum de faits et gestes inespérés, peut-on agir ? L'horizon est opaque et semble barré par des surenchères intransigeantes. Nous naviguons à vue et sans boussole à bord du vaisseau planète, vers un avenir incertain.

Il s'agit d'affirmer clairement que la solidarité ne doit pas être instinctive, viscérale, mécanique et inconditionnelle, motivée par la seule appartenance ethnique ou confessionnelle. La solidarité doit se conjuguer avec le droit et la justice. Et pas uniquement pour soi, ce serait trop simple. Sans naïveté obtuse ni angélisme béat, la conviction ferme qu'au cœur de toute détresse il y a place pour une promesse nous enjoint de ne pas abdiquer. Allons-nous subir la bêtise humaine et l'imbécillité, au lieu de nous laisser pénétrer et mouvoir par une spiritualité authentique et élevée ?

La restauration d'un climat de confiance qui ouvre sur une prise de conscience nouvelle, elle-même préalable à toute reconnaissance, doit être un choix lucide et délibéré. S'engager *urbi et orbi* dans une longue et patiente maturation de la paix, encore une fois fondée sur le droit et la justice, est le devoir de tout homme de bonne volonté et qui se dit responsable. La solidarité ne relèvera plus de l'esprit de corps inconditionnel, mais s'exprimera sur une base éthique. Elle sera due aux opprimés qui souffrent justement du déni du droit et de la justice. Si le chemin est rocailleux, il ne peut être aplani que par un dialogue loyal, objectif et respectueux, mais ô combien exigent. L'exigence doit être comprise comme un travail constant et vigilant d'assainissement de chaque situation. C'est de sa propre communauté que l'on doit d'abord extirper les germes de tout extrémisme et de tout fanatisme. L'expurgation commence chez soi, dans sa propre famille. Dire et pratiquer cela, c'est être fidèle dans une posture juste à sa Tradition, en symbiose avec les autres hommes.

Ainsi les peurs seront-elles apprivoisées et les hantises exorcisées. Les obstacles seront surmontés et offriront des lieux de médiation et des ponts à la rencontre vraie. On finira même par aimer l'obstacle qui aura révélé la part de mystère que recèle l'interlocuteur frère.

Dussions-nous sacrifier à la mièvrerie et nous laisser aller aux rêveries chimériques aux yeux de ceux qui soutiennent avec Plaute et Hobbes que *homo homini lupus* et que l'on n'y peut rien, nous nous orientons résolument vers l'espérance d'une ère promise de pardon et de réconciliation. Une ère de concorde, d'entente et de mieux-vivre ensemble, en double intelligence, celle du cœur et de la raison. Cette dernière nous préservera de l'ivresse d'un nous fusionnel, éphémère et factice.

Je consonne avec le psalmiste : « Il est bon, il est doux de se retrouver entre frères », frères en Dieu et frères en l'humanité. Non qu'il s'agisse d'élargir le sectarisme d'une tradition à trois, la juive, la chrétienne et la musulmane, ni de se serrer frileusement les coudes afin de constituer un front uni contre les « incroyants », les « polythéistes », les « infidèles » et autres « mécréants ». C'est de l'homme qu'il s'agit, tout l'Homme. Il s'agit de construire une véritable culture de paix humaniste et universelle.

Table des matières

Impression réalisée sur CAMERON par

BUSSIÈRE CAMEDAN IMPRIMERIES

GROUPE CPI

à Saint-Amand-Montrond (Cher)
en octobre 2001

N° d'impression : 014827/1.
Dépôt légal : octobre 2001.

Imprimé en France